Karl-Hans Seyler

Mathematik 7

Copyright: pb-verlag • 82178 Puchheim • 2005

ISBN 3-89291-**340**-4

STUNDENBILDER für die SEKUNDARSTUFE

Karl-Hans Seyler

Mathematik 8

Zusammengesetzte Größen
Gleichungen · Rationale Zahlen
Promillerechnung · Strukturen 1-16
Einhaltsaufgaben
Algebraische Textgleichungen
Angewandte Prozentrechnung
Sachorientierte Textgleichungen
Umgekehrt proportionale Zuordnungen · Komplexe Bruchzahlen
Graphische Darstellung von Prozentsätzen
Begegnungsaufgaben

• LEHRSKIZZEN • TAFELBILDER • ARBEITSBLÄTTER
• FOLIENVORLAGEN

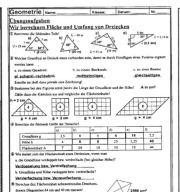

Inhaltsübersicht:

1. Wir rechnen mit Brüchen
2. Rationale Zahlen und ihre Regeln
3. Zusammengesetzte Größen: Wir rechnen Geschwindigkeiten um
4. Zusammengesetzte Größen: Wir rechnen mit der Geschwindigkeit
5. Wir rechnen mit Geschwindigkeiten (Bewegungsaufgaben)
6. Darstellung und Kennzeichen der indirekten Proportionalität
7. Wir lösen Textaufgaben zur indirekten Proportionalität
8. Die angewandte Prozentrechnung
9. Wir rechnen mit Promille
10. Wir stellen Prozentsätze graphisch dar
11. Wir lösen Klammern in Gleichungen auf
12. Wir lösen Gleichungen nach bestimmten Strukturen
13. Wir lösen algebraische und sachliche Textgleichungen

Mathematik 8

Nr. 341 *164 Seiten* € 21,50

STUNDENBILDER für die SEKUNDARSTUFE

Karl-Hans Seyler

Geometrie 7

Besondere Linien in Dreiecken · Dreiecke · Würfel
Quader · Tangram
Vierecke · Quadrat
Rechteck · Quadratsäule · Flächenmaße
Trapez · Dreiecksäule · Raute
Sachaufgaben
Körper- und Gewichtsmaße · Parallelogramm

• LEHRSKIZZEN • TAFELBILDER • ARBEITSBLÄTTER
• FOLIENVORLAGEN

Inhaltsübersicht:

Wir betrachten Flächenformen und rechnen Flächenmaße um

Flächen: Dreiecke
1. Wir betrachten und zeichnen Dreiecke
2. Wir berechnen Fläche und Umfang des Dreieckes
3. Besondere Linien im Dreieck: Höhen/Mittelsenkrechte/Seiten- und Winkelhalbierende
4. Was kostet das Anlegen des Vorplatzes?

Flächen: Vierecke
1. Wir betrachten und zeichnen Vierecke
2. Wir berechnen Fläche und Umfang von Quadrat und Rechteck
3. Wie hoch ist die Entschädigung? Was kostet der Weg?
4. Was muss Herr Mayr bezahlen? Wir berechnen die Fläche des Erdgeschosses eines Wohnhauses
5. Wir berechnen Fläche und Umfang von Raute und Parallelogramm
6. Wie viel Holz wird gebraucht?

7. Wir berechnen Fläche und Umfang des Trapezes
8. Herr Krämers macht ein Geschäft
Wie breit sind die Äcker der Bauern?
Tangram-Puzzle
Wir rechnen mit Körper- und Gewichtsmaßen
Das spezifische Gewicht (Artgewicht oder Dichte)

Gerade Prismen
1. Wir rechnen Volumen und Oberfläche gerader Prismen (operatorische Gesamtbehandlung)
Was wiegt die Quadratsäule?
2. Was kostet das Schwimmbecken?
3. Welche Kosten fallen in einem Schwimmbad an?
4. Wie schwer sind die beiden Werkstücke?
5. Übungsaufgaben

Geometrie 7

Nr. 343 *134 Seiten* € 18,90

STUNDENBILDER für die SEKUNDARSTUFE

Karl-Hans Seyler

Geometrie 8

Grundkonstruktionen
Vielecke
Dreieckskonstruktionen
Kreisausschnitt
Zusammengesetzte Körper
Kreisfläche
Prismen · Kreisring
Zylinder · Kreisumfang

• LEHRSKIZZEN • TAFELBILDER • ARBEITSBLÄTTER
• FOLIENVORLAGEN

Inhaltsübersicht:

Konstruktionen
1. Geometrische Grundkonstruktionen
2. Dreieckskonstruktionen

Vielecke
1. Umfang und Fläche regelmäßiger Vielecke
2. Regelmäßige Vielecke: Wie teuer kommen 5000 Untersetzer?
3. Regelmäßige Vielecke: Wie teuer kommt das sechseckige Schwimmbecken?
4. Flächenberechnung bei unregelmäßigen Vielecken
5. Unregelmäßige Vielecke: Was kostet der Teppichboden in unserem Klassenzimmer?
6. Unregelmäßige Vielecke: Wie groß ist der Stadtpark?
7. Unregelmäßige Vielecke: Was kostet das Bauland?
8. Vielecke: Übungsaufgaben
9. Unregelmäßige Vielecke: Übungsaufgaben (1)
10. Unregelmäßige Vielecke: Übungsaufgaben (2)

Kreis
1. Wir betrachten die Form des Kreises
2. Wir berechnen den Umfang des Kreises
3. Wir berechnen die Fläche des Kreises
4. Kreisflächenberechnung: Neubau einer Radrennbahn
5. Wir berechnen die Fläche des Kreissektors
6. Kreisfläche/Kreisring: Was kostet die Erneuerung eines Kirchenfensters?
7. Der Kreis: Übungsaufgaben

Gerade Körper (Prisma)
1. Volumenberechnung gerader Körper
2. Mantel- und Oberflächenberechnung gerader Körper
3. Kostenplanung für einen Swimmingpool - notwendig?
4. Volumen und Mantel der Sechsecksäule: Wie hoch ist der Kostenvoranschlag?
5. Wir berechnen die Oberfläche des Zylinders und des Hohlzylinders

6. Übungsaufgaben: Zylinder/Hohlzylinder
7. Volumen und Oberfläche der Dosen
8. Welche Säule hat das größte Volumen, welche die größte Oberfläche?
9. Wie viele Fässer kann der LKW laden?
10. Übungsaufgaben: Gerade Prismen
11. Was kostet der Anstrich des Tanks? Wie viel Liter fasst er?
12. Übungsaufgaben: Zylinder/Hohlzylinder
13. Zusammengesetzte Körper
14. Prüfungsaufgaben: Flächen 1/2

Geometrie 8

Nr. 344 *144 Seiten* € 19,90

Unterrichtspraxis

Karl-Hans Seyler

Mathematik/Geometrie

**Probearbeiten - Lernzielkontrollen
7./8. Jahrgangsstufe**

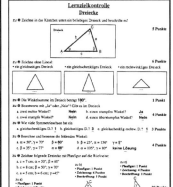

• Arbeitsblätter mit Lösungen

Inhaltsübersicht:

Vorwort
Inhaltsverzeichnis
1. Lernzielkontrolle: Grundrechenarten/Taschenrechner
2. Lernzielkontrolle: Ganze rationale Zahlen
3. Lernzielkontrolle: Grundwissen Bruchrechnen
4. Lernzielkontrolle: Bruchrechnen (1)
5. Lernzielkontrolle: Bruchrechnen (2)
6. Lernzielkontrolle: Bruch- und Dezimalzahlen
7. Lernzielkontrolle: Prozentrechnen - Grundaufgaben (1)
8. Lernzielkontrolle: Prozentrechnen - Grundaufgaben (2)
9. Lernzielkontrolle: Angewandtes Prozentrechnen (1)
10. Lernzielkontrolle: Prozentrechnen - Schaubilder
11. Lernzielkontrolle: Angewandtes Prozentrechnen (2)
12. Lernzielkontrolle: Dreiecke
13. Lernzielkontrolle: Dreiecke/Vierecke
14. Lernzielkontrolle: Gleichungen bis Struktur 11
15. Probearbeit: Bruchrechnen/Dezimalzahlen
16. Probearbeit: Dreiecke/Vierecke
17. Lernzielkontrolle: Bruchrechnen/Terme/Prozentrechnen/Schaubilder

18. Probearbeit: Prozentrechnen
19. Probearbeit: Bruchterme/Prozentrechnen/Prozentkreis/Promillerechnen
20. Probearbeit: Gleichungen/gerade Prismen
21. Lernzielkontrolle: Angewandte Prozentrechnung (3)
22. Lernzielkontrolle: Promillerechnen
23. Lernzielkontrolle: Schlussrechnen
24. Lernzielkontrolle: Gleichungen bis Struktur 16
25. Lernzielkontrolle: Textgleichungen
26. Lernzielkontrolle: Flächen/Kreis
27. Lernzielkontrolle: Gerade Säulen
28. Lernzielkontrolle: Grundkonstruktionen
29. Lernzielkontrolle: Dreiecks-, Vierecks- und Vieleckskonstruktionen
30. Probearbeit: Gleichungen/Konstruktionen/Vielecke
31. Probearbeit: Grundkonstruktionen/regelmäßige Vielecke/unregelmäßige Vielecke
32. Probearbeit: Prozentrechnung/Kreisdiagramm/Kreis/Kreisring/Kreissektor/Kreisbogen

Mathematik/Geometrie 7./8.

Nr. 328 *88 Seiten* € 15,90

Inhaltsverzeichnis

Strukturmodell zum Mathematikunterricht

Einführungsstunde

I. Begegnung

Konfrontation mit dem Problem	- Vorgeben einer Sachaufgabe
	- Vereinfachter Sachverhalt in einer "eingekleideten Aufgabe"
Problementfaltung	- Übertragung des Problems auf die konkrete Stufe (Anschauung)
	- Spontane Schüleräußerungen
Problem-, Zielangabe	- Klare Fixierung an der Tafel und/oder im Heft

II. Erarbeitung

Lösungsversuche	- Vorläufige Lösungsversuche durch die Schüler
	- Erlebnis des Widerstandes
	- Vermutungen, Schätzungen festhalten
Problemlösung/Erkenntnis	- Lösung auf konkreter Stufe
	- Übertragung auf 1. Abstraktionsebene (Dingsymbole)
	- Übertragung auf 2. Abstraktionsebene (Symbole)
	- Abstraktion auf die Zahlenebene (evtl. Gruppenarbeit)
	- Rekonstruktion des Lösungsweges
	- Vergleich mit Vermutungen und anderen Lösungswegen
	- Wertungen des Lösungsversuchs durch die Schüler
Fixierung/Bewertung	- Herausstellen der günstigsten Lösung (Tafel, Hefteintrag)

III. Sicherung

Operatorische Übung	- Einordnung in größere Zusammenhänge
	- Bewusstmachen der Reversibilität und Assoziativität der neuen Operationen
Anwendung/Übung	- Abwechslungsreiches Üben (Quiz u. Ä.)
	- Umfasst meistens mehrere Unterrichtsstunden
	- Kontrollphasen wichtig!

Anmerkung:

Dieses Strukturmodell erstreckt sich in den seltensten Fällen auf nur eine Unterrichtszeiteinheit (= 45 Minuten). Meist umfasst sie mehrere Stunden. Eine erste Zäsur wäre auf der 4. Stufe zwischen der konkreten und der ersten Abstraktionsebene, dann auf der 5. Stufe bzw. 6. Stufe möglich.

THEMA

Wir rechnen mit dem elektronischen Taschenrechner

LERNZIELE

- Kennenlernen des Aufbaus des elektronischen Taschenrechners
- Rechnen mit den vier Grundrechenarten
- Rechnen mit dem Speicher
- Übungsaufgaben (auch in spielerischer Form) zur Gewinnung an Sicherheit im Umgang mit dem elektronischen Taschenrechner

ARBEITSMITTEL/MEDIEN/LITERATURHINWEISE

- Taschenrechner
- Arbeitsblätter (2), Folien
- Arbeitsblatt, Taschenrechnerrätsel
- Aufgaben S. 7 aus: Schmitt/Wohlfarth: Mathematik 8. © Bayerischer Schulbuch-Verlag, München 1987, S. 31

TAFELBILD/FOLIEN

Wir rechnen mit dem elektronischen Taschenrechner

❶ **Berechne unter Verwendung des Speichers!**

a) $(17,7 + 18,53) - (25,35 - 10,79)$ [9]　　e) $(170,3 - 83) + (38 - 19,76)$ [6]

b) $4 \cdot (7,63 - 2,8 + 6,3)$ [13]　　f) $16 : (7,05 - 5,07 + 0,57)$ [15]

c) $(700,6 - 600,7) \cdot (0,73 - 0,07)$ [20]　　g) $(80,73 + 807,3) : (807,3 - 80,7)$ [5]

d) $(700,6 - 600,7) : (0,73 - 0,07)$ [7]　　h) $(5,05 + 506) \cdot (506 - 50,6)$ [7]

❷ **Berechne!**

a) $13,9 - 3,9 \cdot (17,8 - 16,09)$ [12]　　e) $(37,4 - 7,4) \cdot (37,4 + 7,4)$ [8]

b) $13,9 - 3,9 : (17,8 - 16,09)$ [8]　　f) $(37,4 - 7,4) \cdot 37,4 + 7,4$ [4]

c) $(13,9 - 3,9) : (17,8 - 16,09)$ [17]　　g) $437,4 - 7,4 \cdot 37,4 + 7,4$ [15]

d) $(13,9 - 3,9) : 17,8 + 16,09$ [13]　　h) $437,4 - (7,4 \cdot 37,4 + 7,4)$ [9]

❸ **Die folgenden Rechnungen sind falsch, weil beim Eintasten der Multiplikation jeweils eine Ziffer vergessen wurde. Versuche die Fehler zu finden!**

a) $315 \cdot 246 = 7560$　　c) $345 \cdot 76 = 2070$　　e) $25 \cdot 638 = 3190$

b) $153 \cdot 726 = 11628$　　d) $125 \cdot 304 = 4250$　　f) $49 \cdot 357 = 1715$

❹ **Berechne unter Verwendung des Speichers! Rechne ohne Notizen!**

a) $735 - 38,2 \cdot 3 + 71,5 : 2,5 - 31,2 \cdot (12,01 - 0,8)$ [17]

b) $(821 \cdot 12 + 21 \cdot 73 - 2187) \cdot 3 + 256 : 16$ [15]

c) $58\,719 - 33 \cdot 17 + 5,5 \cdot (123,8 - 12,6 \cdot 3,5) + 12,5 \cdot 2,6$ [19]

❺ $\boxed{+}\ \boxed{-}\ \boxed{\text{x}}$ oder $\boxed{\div}$:

a) $(73\ \boxed{}\ 26)\ \boxed{}\ 23 = 2277$　　　**zu a. $(73 + 26) \cdot 23 = 2277$**

b) $(62\ \boxed{}\ 21)\ \boxed{}\ 236 = 1066$　　**zu b. $(62 \cdot 21) - 236 = 1066$**

c) $1776 = (822\ \boxed{}\ 674)\ \boxed{}\ 12$　　**zu c. $1776 = (822 - 674) \cdot 12$**

[ ] Quersumme der 1.-3. Stelle

Stundenbild

I. Hinführung

	Taschen-rechner auf der Bank	L: Beschreibe und erkläre die Tastatur!
Aussprache Zsf.	TA	1–11
Zielangabe	TA	**Wir rechnen mit dem elektronischen Taschenrechner**

II. Erarbeitung/Wiederholung

Erarbeitung im Gespräch mit Übungsaufgaben

1. Vier Grundrechnungarten

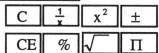

Von Marke zu Marke unterschiedlich

2. Sondertasten

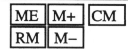

Zsf.   TA

Zsf.   AB 1

3. Rechnen mit dem Speicher

ME	M+	CM
RM	M–	

III. Sicherung/Vertiefung

Übungsaufgaben   TA

Ergebnisse:

zu 1)
- a) 21,67
- b) 44,52
- c) 65,934
- d) 151,36363
- e) 105, 54
- f) 6,2745098
- g) 1,2221717
- h) 232732,17

zu 2)
- a) 7,231
- b) 11,619299
- c) 5,8479532
- d) 16,651797
- e) 1344
- f) 1129,4
- g) 168,04
- h) 153,24

zu 3)
- a) $315 \cdot 24\underline{6}$
- c) $345 \cdot \underline{7}6$
- e) $\underline{2}5 \cdot 638$
- b) $153 \cdot 7\underline{2}6$
- d) $125 \cdot 3\underline{0}4$
- f) $49 \cdot 35\underline{7}$

zu 4)
- a) 296,44
- b) 27610
- c) 58 628,85

Übungsaufgaben   AB 2
(auch als Hausaufgabe)

Grundrechnungsarten / Rechnen mit dem Speicher

AB 3

Taschenrechner-Rätsel

(auch als Hausaufgabe)

MAT

Rechnen mit dem elektronischen Taschenrechner

❶ Aufbau des Taschenrechners:

415927

HS-40x22 RK

1/%	x²	√x	OFF	on/c
ivv	sin	cos	.tm	DRG
k	EE	log	in%	y
π	%	(	)	+
STO	7	8	9	X
ACL	4	5	6	-
SUM	1	2	3	+
EXC	0	.	+/-	=

$+$ _____

$-$ _____

x _____

$\div$ _____

x^2 _____

$\sqrt{}$ _____

$\frac{1}{x}$ _____

$\%$ _____

π _____

C _____

CE _____

M _____

RM _____

$M+$ _____

$M-$ _____

CM _____

$\pm$ _____

❷ Rechnen mit dem Taschenrechner:

Ein Taschenrechner arbeitet nach dem Schema:

[ ] ➝ [ ] ➝ [ ] ➝ [ ]

Vor jeder Rechnung wird die Taste _____ gedrückt, damit der Rechner leer ist.

Statt des Dezimalkommas hat er einen _____.

❸ Die vier Grundrechnungsarten:

Eingabe	Anzeige	Eingabe	Anzeige	Eingabe	Anzeige	Eingabe	Anzeige
C	0.	C	0.	C	0.	C	0.
13.6	13.6	15.9	15.9	33.8	33.8	27.9	27.9
÷	13.6	+	15.9	–	33.8	x	27.9
8,947	8.947	18.66	18.66	45.94	45.94	0.68	0,68
=	1.5200625	=	34.56	=	–12.14	=	18.972

Art der Aufgabe:

_____   _____   _____   _____

Aufgabe:

_____   _____   _____   _____

Grundsätzlich gilt bei jeder Rechnung mit dem Taschenrechner:

Zuerst _____, dann _____.

MAT

Rechnen mit dem elektronischen Taschenrechner

❶ Aufbau des Taschenrechners:

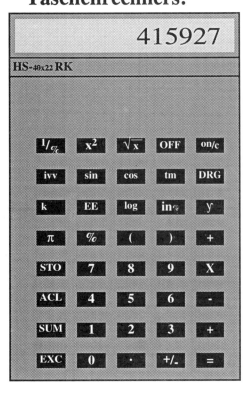

+	Addition (+)
–	Subtraktion (–)
x	Multiplikation (·)
÷	Division (:)
x^2	Quadrat
$\sqrt{}$	Wurzel
$\frac{1}{x}$	Kehrwert
%	Prozent
π	Pi (Kreiszahl)
C	Löschen (alles) „Clear"
CE	Eingabe löschen „Clear Entry"
M	Speicher „Memory"
RM	Speicher lesen „Read Memory"
M +	Addition im Speicher
M –	Subtraktion im Speicher
CM	Speicher löschen „Clear Memory"
±	Wechseln der Vorzeichen

❷ Rechnen mit dem Taschenrechner:

Ein Taschenrechner arbeitet nach dem Schema:

Zahleneingabe → Operationstaste → Zahleneingabe → Ergebnistaste

Vor jeder Rechnung wird die Taste __C/CE__ gedrückt, damit der Rechner leer ist.

Statt des Dezimalkommas hat er einen __Punkt__.

❸ Die vier Grundrechnungsarten:

Eingabe	Anzeige	Eingabe	Anzeige	Eingabe	Anzeige	Eingabe	Anzeige
C	0.	C	0.	C	0.	C	0.
13.6	13.6	15.9	15.9	33.8	33.8	27.9	27.9
÷	13.6	+	15.9	–	33.8	x	27.9
8,947	8.947	18.66	18.66	45.94	45.94	0.68	0,68
=	1.5200625	=	34.56	=	–12.14	=	18.972

Art der Aufgabe:

Division	Addition	Subtraktion	Multiplikation

Aufgabe:

13,6 : 8,947	15,9 + 18,66	33,8 – 45,94	27,9 · 0,68

Grundsätzlich gilt bei jeder Rechnung mit dem Taschenrechner:

Zuerst __überschlagen__, dann __rechnen__.

MAT	

Taschenrechner: Übungsaufgaben zu den Grundrechnungsarten

❶ **Welche Fehler sind in den folgenden Rechnungen gemacht worden? Stelle richtig!**

a. $12,6 \cdot 9,1 = 1146,6$ _____   d. $28 \cdot 0,75 = 2,1$ _____

b. $4 \cdot 0,25 = 1$ _____   e. $14,5 + 2,6 = 40,5$ _____

c. $20 : 100 = 2$ _____   f. $5,5 : 1,5 = 8,25$ _____

❷ **Überschlage die Rechnungen, ehe du mit dem Taschenrechner rechnest!**

a. $4,5 + 0,62 + 39,5 + 0,06 + 30,7 =$ _____ Ü: _____

b. $119,8 - 15,7 - 34,08 - 0,9 - 21 =$ _____ Ü: _____

c. $1,1 \cdot 2,2 \cdot 3,3 \cdot 4,4 =$ _____ Ü: _____

b. $240 : 2,1 : 0,6 : 5,1 =$ _____ Ü: _____

❸ **Bilde aus den beiden Zahlen jeweils Summe, Differenz, Produkt und Quotient!**

a. $18,5 / 12,5$ _____

b. $0,025 / 0,05$ _____

c. $26\ 345 / 245$ _____

❹ **Welches ist die größte, welches die kleinste Zahl, die man auf deinem Taschenrechner eintippen kann?**

Größte Zahl: _____   Kleinste Zahl: _____

❺ **Suche die passenden Zahlen, wenn beim Umdrehen des Taschenrechners folgende Wörter herauskommen sollen:**

a. BIOLOGIE _____   b. SILBE _____   c. HOEHLE _____

d. GESELLE _____   e. LOSE _____   f. OELIG _____

❻ **Rechne vorteilhaft! Versuche Zwischenrechnungen im Kopf zu erledigen!**

a. Tippe die 970 in den Taschenrechner ein und addiere dazu die Zahlen 372, 78 und 250!

b. Subtrahiere von 950 die Zahlen 263 und 337!

c. $8,30 \text{ €} + 3 \cdot 0,70 \text{ €} + 5 \cdot 5,90 \text{ €} + 3 \cdot 0,95 \text{ €} =$ _____

d. $18,75 \text{ €} - 3 \cdot 1,25 \text{ €} + 6 \cdot 3,95 \text{ €} - 2,25 \cdot 2 \cdot 0,50 \text{ €} =$ _____

❼ **Hast du auf deiner Tastatur keine Klammern, so rechne folgendermaßen:**

Aufgabe: $(245 - 65) \cdot (285 - 279) =$ a. $12 \cdot (45 + 22,6) - 578 =$ _____

Tippen: $245 - 65 = 180 -$ **notieren!**   b. $456 : (45 - 25 : 5) =$ _____

        $285 - 279 = 6 \cdot 180 = 1080;$

Taschenrechner: Speicher bedienen

M+	_____

      _____

MR	_____

M−	_____

      _____

MC	_____

Aufgabe	$16 \cdot 24 + 17 \cdot 19 =$ ☐
Tastenfolge	$\boxed{\text{C / CE}}\ \boxed{\text{MC}}\ \boxed{16}\ \boxed{\text{x}}\ \boxed{24}\ \boxed{\text{M}+}\ \boxed{17}$ $\boxed{\text{x}}\ \boxed{19}\ \boxed{\text{M}+}\ \boxed{\text{MR}}$

a. $18 \cdot 5 + 14 \cdot 12 =$ _____

b. $4500 : 25 + 2 \cdot 25 =$ _____

Aufgabe	$24 \cdot 23 - 18 \cdot 21 =$ ☐
Tastenfolge	$\boxed{\text{C / CE}}\ \boxed{\text{MC}}\ \boxed{24}\ \boxed{\text{x}}\ \boxed{23}\ \boxed{\text{M}+}$ $\boxed{17}\ \boxed{\text{x}}\ \boxed{21}\ \boxed{\text{M}-}\ \boxed{\text{MR}}$

a. $35 \cdot 5 - 12 \cdot 3 =$ _____

b. $45 \cdot 2,7 - 35,5 : 2,5 =$ _____

MAT

Taschenrechner: Übungsaufgaben zu den Grundrechnungsarten

❶ Welche Fehler sind in den folgenden Rechnungen gemacht worden? Stelle richtig!

a. $12{,}6 \cdot 9{,}1$ = 1146,6   **114,66**   d. $28 \cdot 0{,}75$ = 2,1   **21**

b. $4 \cdot 0{,}25$ = 1   **1**   e. $14{,}5 + 2{,}6$ = 40,5   **17,1**

c. $20 : 100$ = 2   **0,2**   f. $5{,}5 : 1{,}5$ = 8,25   **3,666666667**

❷ Überschlage die Rechnungen, ehe du mit dem Taschenrechner rechnest!

a. $4{,}5 + 0{,}62 + 39{,}5 + 0{,}06 + 30{,}7$ = **75,38**   Ü: **4,5 + 0,5 + 40 + 30 = 75**

b. $119{,}8 - 15{,}7 - 34{,}08 - 0{,}9 - 21$ = **48,12**   Ü: **120 – 15 – 35 – 1 – 20 = 49**

c. $1{,}1 \cdot 2{,}2 \cdot 3{,}3 \cdot 4{,}4$ = **35,1384**   Ü: **1 · 2 · 3,5 · 5 = 35**

b. $240 : 2{,}1 : 0{,}6 : 5{,}1$ = **37,348273**   Ü: **240 : 2 : 0,5 : 5 = 48**

❸ Bilde aus den beiden Zahlen jeweils Summe, Differenz, Produkt und Quotient!

a. 18,5 / 12,5   **S: 31   D: 6   P: 231,25   Q: 1,48**

b. 0,025 / 0,05   **S: 0,075   D: – 0,025   P: 0,00125   Q: 0,5**

c. 26 345 / 245   **S: 26 590   D: 26 100   P: 6 454 525   Q: 107,53061**

❹ Welches ist die größte, welches die kleinste Zahl, die man auf deinem Taschenrechner eintippen kann?

Größte Zahl: **99 999 999**   Kleinste Zahl: **0,0000001**

❺ Suche die passenden Zahlen, wenn beim Umdrehen des Taschenrechners folgende Wörter herauskommen sollen:

a. BIOLOGIE   **31 907 018**   b. SILBE   **38 715**   c. HOEHLE   **374 304**

d. GESELLE   **3 773 539**   e. LOSE   **3 507**   f. OELIG   **91 730**

❻ Rechne vorteilhaft! Versuche Zwischenrechnungen im Kopf zu erledigen!

a. Tippe die 970 in den Taschenrechner ein und addiere dazu die Zahlen 372, 78 und 250!

b. Subtrahiere von 950 die Zahlen 263 und 337!

c. $8{,}30 \text{ €} + 3 \cdot 0{,}70 \text{ €} + 5 \cdot 5{,}90 \text{ €} + 3 \cdot 0{,}95 \text{ €}$ = **42,75 €**

d. $18{,}75 \text{ €} - 3 \cdot 1{,}25 \text{ €} + 6 \cdot 3{,}95 \text{ €} - 2{,}25 \cdot 2 \cdot 0{,}50 \text{ €}$ = **36,45 €**

❼ Hast du auf deiner Tastatur keine Klammern, so rechne folgendermaßen:

Aufgabe: $(245 - 65) \cdot (285 - 279)$ =

Tippen: $245 - 65 = 180$ – **notieren!**

$285 - 279 = 6 \cdot 180 = 1080$;

a. $12 \cdot (45 + 22{,}6) - 578$ =   **233,2**

b. $456 : (45 - 25 : 5)$ =   **11,4**

Taschenrechner: Speicher bedienen

M+	**Zahl in der Anzeige wird zum Speicherinhalt addiert**	M–	**Zahl in der Anzeige wird vom Speicherinhalt subrahiert**
MR	**Speicherinhalt wird angezeigt**	MC	**Speicherinhalt wird gelöscht**

Aufgabe	$16 \cdot 24 + 17 \cdot 19 =$ ☐	Aufgabe	$24 \cdot 23 - 18 \cdot 21 =$ ☐
Tastenfolge	C/CE MC 16 x 24 M+ 17 x 19 M+ MR	Tastenfolge	C/CE MC 24 x 23 M+ 17 x 21 M– MR

a. $18 \cdot 5 + 14 \cdot 12$ = **258**   a. $35 \cdot 5 - 12 \cdot 3$ = **139**

b. $4500 : 25 + 2 \cdot 25$ = **230**   b. $45 \cdot 2{,}7 - 35{,}5 : 2{,}5$ = **107,3**

© pb-verlag Puchheim MAT 7

MAT

Taschenrechnerrätsel (1)

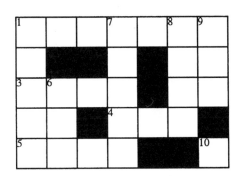

Taschenrechnerrätsel (2)

Löse die Kreuzworträtsel, indem du die Aufgaben mit deinem Taschenrechner rechnest!
Erscheint die Lösung in der Anzeige, dann drehe den Rechner um und lies das angezeigte Wort ab!

WAAGRECHT

1 $178 \cdot 184 + 3\,874\,287$
Erdwissenschaftler

2 $604,5 : 46,5$
Nahrungsmittel

3 $2809,5 + 963,5$
altes Längenmaß

4 $8,08 \cdot 5 \cdot 20$
Wintersportgerät

5 $1235 \cdot 2 + 1235$
Salzlösung

SENKRECHT

1 $12\,365,68 + 13\,004,44 \cdot 3$
Schiene

6 $2,22 : 6$
Männername

7 $180\,089,9 : 4,7$
Zuneigung

8 $971 \cdot 6 + 1942 \cdot 1,5$
Farbe

9 $1710 \cdot 0,3$
Gefrorenes

10 $621,65 : 124,33$
Autokennzeichen von Stuttgart

WAAGRECHT

1 $(11\,875 - 11\,285,5) \cdot 6$
Weinernte

2 $408,5 \cdot (11 + 31,5 : 4,5)$
Lasttier

3 $(12^2 + 8577) : 17$
Aggregatszustand des Wassers

4 $15\,583,5 - 93 \cdot 148,5$
weiblicher Kosename

5 $17 + 8001 - 5^2 \cdot 5^2$
Blutsauger

6 $13\,786\,369 - 3713 \cdot 3712$
knappe Zeit

9 $145\,374,25 - 145\,217,5 - 12,5^2$
Himmelsrichtung (Abk.)

SENKRECHT

1 $225^2 - 25 \cdot (800 - 100 : 0,5) - 488$
ohne Lärm

7 $55^2 - 54^2 - 56$
persönliches Fürwort

8 $26,25 \cdot 16 - 7 \cdot 15$
persönliches Fürwort

9 $11\,523 - 46 \cdot (4 \cdot 816 : 68)$
erster Platz

10 $5^2 + 6^3 + 7^4 - 2305$
Windschattenseite

MAT

Taschenrechnerrätsel (1)

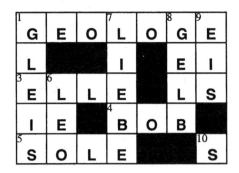

Taschenrechnerrätsel (2)

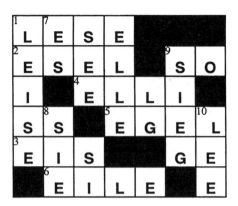

Löse die Kreuzworträtsel, indem du die Aufgaben mit deinem Taschenrechner rechnest!
Erscheint die Lösung in der Anzeige, dann drehe den Rechner um und lies das angezeigte Wort ab!

WAAGRECHT

1. $178 \cdot 184 + 3\,874\,287$
   Erdwissenschaftler
2. $604{,}5 : 46{,}5$
   Nahrungsmittel
3. $2809{,}5 + 963{,}5$
   altes Längenmaß
4. $8{,}08 \cdot 5 \cdot 20$
   Wintersportgerät
5. $1235 \cdot 2 + 1235$
   Salzlösung

SENKRECHT

1. $12\,365{,}68 + 13\,004{,}44 \cdot 3$
   Schiene
6. $2{,}22 : 6$
   Männername
7. $180\,089{,}9 : 4{,}7$
   Zuneigung
8. $971 \cdot 6 + 1942 \cdot 1{,}5$
   Farbe
9. $1710 \cdot 0{,}3$
   Gefrorenes
10. $621{,}65 : 124{,}33$
    Autokennzeichen von Stuttgart

WAAGRECHT

1. $(11\,875 - 11\,285{,}5) \cdot 6$
   Weinernte
2. $408{,}5 \cdot (11 + 31{,}5 : 4{,}5)$
   Lasttier
3. $(12^2 + 8577) : 17$
   Aggregatszustand des Wassers
4. $15\,583{,}5 - 93 \cdot 148{,}5$
   weiblicher Kosename
5. $17 + 8001 - 5^2 \cdot 5^2$
   Blutsauger
6. $13\,786\,369 - 3713 \cdot 3712$
   knappe Zeit
9. $145\,374{,}25 - 145\,217{,}5 - 12{,}5^2$
   Himmelsrichtung (Abk.)

SENKRECHT

1. $225^2 - 25 \cdot (800 - 100 : 0{,}5) - 488$
   ohne Lärm
7. $55^2 - 54^2 - 56$
   persönliches Fürwort
8. $26{,}25 \cdot 16 - 7 \cdot 15$
   persönliches Fürwort
9. $11\,523 - 46 \cdot (4 \cdot 816 : 68)$
   erster Platz
10. $5^2 + 6^3 + 7^4 - 2305$
    Windschattenseite

THEMA
Wir rechnen mit Bruchzahlen (Wiederholung)

LERNZIELE

- Wiederholung wichtiger Grundbegriffe wie Zähler/Nenner/Erweitern/Kürzen
- Den Hauptnenner als kleinstes gemeinsames Vielfaches (kgV) verstehen
- Brüche miteinander vergleichen können
- Brüche graphisch darstellen

ARBEITSMITTEL/MEDIEN/LITERATURHINWEISE

- Arbeitsblatt, Folien
- Übungsblätter: Übungsaufgaben zum Kürzen, Erweitern und Vergleichen von Brüchen
- Graphiken Brüche/Uhren aus: Gamma 7. © E. Klett Verlag, Stuttgart 1978, S. 19/20

TAFELBILD/FOLIEN

Wir rechnen mit Bruchzahlen

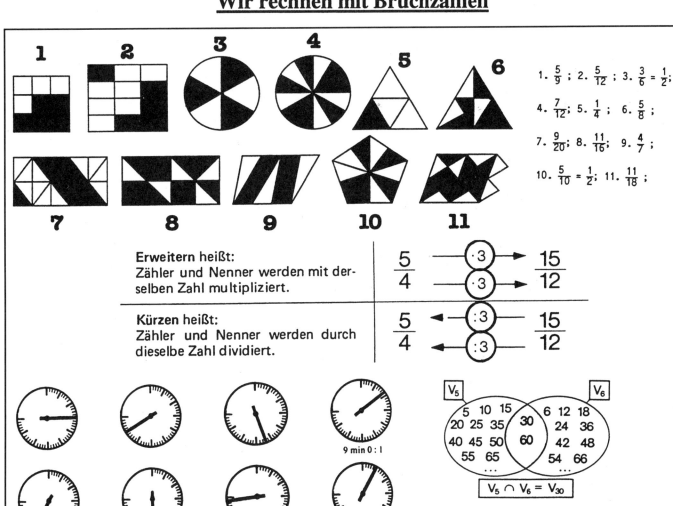

1. $\frac{5}{9}$; 2. $\frac{5}{12}$; 3. $\frac{3}{6} = \frac{1}{2}$;

4. $\frac{7}{12}$; 5. $\frac{1}{4}$; 6. $\frac{5}{8}$;

7. $\frac{9}{20}$; 8. $\frac{11}{16}$; 9. $\frac{4}{7}$;

10. $\frac{5}{10} = \frac{1}{2}$; 11. $\frac{11}{18}$;

Erweitern heißt:
Zähler und Nenner werden mit derselben Zahl multipliziert.

$$\frac{5}{4} \xrightarrow[\cdot 3]{\cdot 3} \frac{15}{12}$$

Kürzen heißt:
Zähler und Nenner werden durch dieselbe Zahl dividiert.

$$\frac{5}{4} \xleftarrow[:3]{:3} \frac{15}{12}$$

9 min 0 : l

$V_5 \cap V_6 = V_{30}$

Das kleinste gemeinsame Vielfache (kgV) der Zahlen 5 und 6 ist 30.

$$\frac{5}{45} < \frac{9}{45} < \frac{15}{45} < \frac{27}{45} < \frac{30}{45} < \frac{35}{45} < \frac{40}{45} < \frac{44}{45};$$

$$\frac{1}{9} < \frac{1}{5} < \frac{1}{3} < \frac{3}{5} < \frac{2}{3} < \frac{7}{9} < \frac{8}{9} < \frac{44}{45};$$

Der Hauptnenner von Brüchen ist das kleinste gemeinsame Vielfache (kgV) ihrer Nenner.

Stundenbild

I. Hinführung

Aussprache	TLP (siehe TA)	Graphische Darstellung von Brüchen
Zielangabe	TA	**Wir rechnen mit Bruchzahlen**

II. Erarbeitung/Wiederholung

1. Teilziel:

Wiederholung wichtiger Begriffe
Kürzen / Erweitern / Zähler / Nenner

Aussprache
analoge Übungen — TA

2. Teilziel:

Hauptnenner
Kleinste gemeinsame Vielfache (kgV)

Aussprache
analoge Übungen — TA

3. Teilziel:

Vergleich von Brüchen

Aussprache — TLP/TA

Eintrag — Heft

9 min 0 : 1

III. Sicherung

Zsf. L - SS	AB 1	Wir rechnen mit Bruchzahlen

IV. Übung/Ausweitung

AB 2/3 — Übungsaufgaben:
Kürzen, Erweitern und Vergleichen von Brüchen (1/2)

Teile als Hausaufgabe und in weiteren Unterrichtseinheiten

Graphische Darstellung von Brüchen:

Kontrolle — TLP

Stelle ähnlich dar: $\dfrac{3}{4}$; $\dfrac{2}{5}$; $\dfrac{5}{8}$; $\dfrac{4}{9}$; $\dfrac{13}{10}$;

Lösungen:
Aufg.: 1–8
Aufg.: 9–11

MAT

Wir rechnen mit Bruchzahlen

_____ _____ _____ _____ _____ _____

❶ **Kürzen und Erweitern:**

Kürzen heißt _____

_____

Übung: Kürze so weit wie möglich!

$\frac{12}{20}$ = ——— ; $\frac{60}{180}$ = ——— ; $\frac{49}{210}$ = ———

Erweitern heißt _____

_____

Erweitere die Brüche mit 7!

$\frac{3}{8}$ = ——— ; $\frac{9}{7}$ = ——— ; $\frac{14}{15}$ = ——— ;

❷ **Der Hauptnenner:**

Suche den Hauptnenner von

$\overline{12}$ und $\overline{18}$

a) Schreibe die Einmaleinszahlen in die Kreise!

b) Schreibe die gemeinsamen Zahlen in den Schnittkreis!

c) Suche das kgV
   (kleinste gemeinsame Vielfache)!

kgV (12; 18) = _____

Übung: kgV (12; 15) = _____

kgV (4; 25) = _____

kgV (6; 8) = _____

kgV (18; 48) = _____

❸ **Vergleichen der Brüche:**

Franz sieht im Fernsehen die Live-Übertragung eines Fußballspiels. Die 1. Halbzeit ist gleich zu Ende. In welcher Reihenfolge hat er während der Übertragung die eingeblendeten Uhren gesehen?
Schreibe die Bruchzahlen dazu und ordne mit dem Zeichen <.

9 min 0 : 1

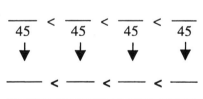

$\frac{}{45}$ < $\frac{}{45}$ < $\frac{}{45}$ < $\frac{}{45}$ <

↓   ↓   ↓   ↓

——— < ——— < ——— < ——— <

$\frac{}{45}$ < $\frac{}{45}$ < $\frac{}{45}$ < $\frac{}{45}$;

↓   ↓   ↓   ↓

——— < ——— < ——— < ——— ;

MAT

Wir rechnen mit Bruchzahlen

$$\frac{2}{3} \qquad \frac{3}{8} \qquad \frac{12}{25} \qquad \frac{5}{6} \qquad \frac{9}{16} \qquad \frac{8}{12} = \frac{4}{6}$$

❶ Kürzen und Erweitern:

$$\frac{5}{10} = \frac{1}{2}$$ (:5)

$$\frac{2}{4} = \frac{6}{12}$$ (·3)

Kürzen heißt __**Zähler und Nenner**__
__**mit der gleichen Zahl teilen.**__

Erweitern heißt __**Zähler und Nenner**__
__**mit der gleichen Zahl malnehmen.**__

Übung: Kürze so weit wie möglich!

$$\frac{12}{20} = \frac{3}{5} ; \qquad \frac{60}{180} = \frac{1}{3} ; \qquad \frac{49}{210} = \frac{7}{30}$$

Erweitere die Brüche mit 7!

$$\frac{3}{8} = \frac{21}{56} ; \qquad \frac{9}{7} = \frac{63}{49} ; \qquad \frac{14}{15} = \frac{98}{105}$$

❷ Der Hauptnenner:

Suche den Hauptnenner von

$$\overline{12} \text{ und } \overline{18}$$

a) Schreibe die Einmaleinszahlen in die Kreise!

b) Schreibe die gemeinsamen Zahlen in den Schnittkreis!

c) Suche das kgV
   (kleinste gemeinsame Vielfache)!

```
      12              18
  24    36        36      54
     60      36       72
 48     72    72    90
    84  96   108  108   126
   108            144  162
      120        180
```

kgV (12; 18) = __**36**__

Übung: kgV (12; 15) = __**60**__

kgV (4; 25) = __**100**__

kgV (6; 8) = __**24**__

kgV (18; 48) = __**144**__

❸ Vergleichen der Brüche:

Franz sieht im Fernsehen die Live-Übertragung eines Fußballspiels. Die 1. Halbzeit ist gleich zu Ende. In welcher Reihenfolge hat er während der Übertragung die eingeblendeten Uhren gesehen?

Schreibe die Bruchzahlen dazu und ordne mit dem Zeichen <.

9 min 0 : 1

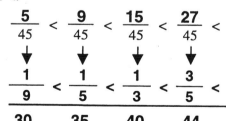

$$\frac{5}{45} < \frac{9}{45} < \frac{15}{45} < \frac{27}{45} <$$

$$\downarrow \qquad \downarrow \qquad \downarrow \qquad \downarrow$$

$$\frac{1}{9} < \frac{1}{5} < \frac{1}{3} < \frac{3}{5} <$$

$$\frac{30}{45} < \frac{35}{45} < \frac{40}{45} < \frac{44}{45} ;$$

$$\downarrow \qquad \downarrow \qquad \downarrow \qquad \downarrow$$

$$\frac{2}{3} < \frac{7}{9} < \frac{8}{9} < \frac{44}{45} ;$$

MAT		

Übungsaufgaben: Kürzen, Erweitern und Vergleichen von Brüchen (1)

❶ a) Brüche mit gleichen Nennern heißen gleichnamig. Mache gleichnamig:

$$\frac{5}{8} \text{ und } \frac{7}{12} \; ; \qquad \frac{1}{2} \text{ und } \frac{3}{4} \; ; \qquad \frac{1}{4} \text{ und } \frac{1}{5} \text{ und } \frac{1}{6} \; ; \qquad \frac{2}{3} \text{ und } \frac{3}{7} \text{ und } \frac{9}{7} \; ; \qquad \frac{4}{17} \text{ und } \frac{9}{5} \; ;$$

b) Wenn du beim Gleichnamigmachen von Brüchen den kleinstmöglichen Nenner wählst, so hast du die Brüche auf ihren Hauptnenner gebracht.
Bestimme die Hauptnenner für die Brüche:

$$\frac{5}{12} \text{ und } \frac{7}{18} \; ; \qquad \frac{19}{24} \text{ und } \frac{35}{36} \; ; \qquad \frac{4}{15} \text{ und } \frac{3}{20} \text{ und } \frac{11}{30} \; ; \qquad \frac{11}{4} \text{ und } \frac{5}{8} \text{ und } \frac{13}{16} \; ;$$

c) Es kann auch vorkommen, dass man Brüche mit Hilfe des Kürzens gleichnamig machen kann:

$$\frac{7}{8} \text{ und } \frac{4}{16} \; ; \qquad \frac{9}{15} \text{ und } \frac{12}{20} \; ; \qquad \frac{16}{32} \text{ und } \frac{26}{104} \; ; \qquad \frac{15}{24} \text{ und } \frac{10}{16} \text{ und } \frac{6}{48} \; ;$$

❷ a) Die Brüche $\frac{11}{12}$ und $\frac{7}{8}$ sind gekürzt. Der Hauptnenner ist das kgV (12, 18).
Bringe die beiden Brüche auf ihren Hauptnenner!

b) Vergleiche die Brüche $\frac{7}{12}$ und $\frac{9}{16}$ miteinander, indem du sie zuerst auf ihren Hauptnenner bringst!

❸ Vergleiche mit Hilfe des kgV als Hauptnenner:

a) $\frac{3}{4}$ und $\frac{2}{3}$; $\quad \frac{7}{12}$ und $\frac{3}{4}$; $\quad \frac{6}{7}$ und $\frac{13}{14}$; $\quad \frac{13}{15}$ und $\frac{27}{30}$; $\quad \frac{17}{20}$ und $\frac{23}{25}$; $\quad \frac{19}{33}$ und $\frac{17}{25}$;

b) $\frac{7}{8}$ und $\frac{9}{11}$; $\quad \frac{7}{12}, \frac{5}{8}$ und $\frac{3}{5}$; $\quad \frac{3}{7}, \frac{5}{8}, \frac{7}{9}$ und $\frac{2}{3}$; $\quad \frac{7}{18}, \frac{5}{8}, \frac{3}{8}, \frac{7}{12}$ und $\frac{22}{36}$;

❹ Notiere die Menge aller natürlichen Zahlen, die man für x einsetzen darf:

a) $\frac{x}{3} < \frac{5}{9}$; $\qquad\qquad$ b) $\frac{4}{x} > \frac{4}{5}$; $\qquad\qquad$ c) $\frac{5}{6} < \frac{x}{18}$;

a) $\frac{3}{4} < \frac{12}{x}$; $\qquad\qquad$ e) $\frac{5}{9} < \frac{x}{45}$; $\qquad\qquad$ f) $\frac{6}{10} < \frac{x}{32}$;

❺ Welche der Nenner, 2, 3, 4, 5, 6, 7, 8, 9, 10, 12 dürfen in einer Folge von Brüchen vorkommen,
a) wenn 12 als Hauptnenner bestimmt ist?
b) wenn 8 der Hauptnenner sein soll?

❻ Brüche, deren Wert größer als 1 ist, werden oft als gemischte Zahlen angegeben. Es handelt sich dabei um die verkürzte Schreibweise einer Summe:

$$\frac{31}{12} = \frac{24}{12} + \frac{7}{12} = 2 + \frac{7}{12} = 2\frac{7}{12} \qquad \text{bzw.} \qquad 3\frac{2}{5} = 3 + \frac{2}{5} = \frac{15}{5} + \frac{2}{5} = \frac{17}{5}$$

a) Verwandle in gemischte Zahlen: $\quad \frac{19}{4} \qquad \frac{35}{3} \qquad \frac{89}{7} \qquad \frac{137}{20} \qquad \frac{400}{51} \qquad \frac{600}{80} \qquad \frac{1000}{7}$

b) Verwandle in Brüche: $\quad 3\frac{1}{2} \qquad 5\frac{3}{8} \qquad 9\frac{1}{5} \qquad 11\frac{1}{3} \qquad 15\frac{4}{7} \qquad 20\frac{3}{8} \qquad 36\frac{1}{4}$

Übungsaufgaben: Kürzen, Erweitern und Vergleichen von Brüchen (1) (Lösungen)

zu ❶ a) $\frac{30}{48}$ und $\frac{28}{48}$; $\frac{2}{4}$ und $\frac{3}{4}$; $\frac{15}{60}$ und $\frac{12}{60}$ und $\frac{10}{60}$; $\frac{14}{21}$ und $\frac{9}{21}$ und $\frac{27}{21}$; $\frac{20}{85}$ und $\frac{153}{85}$;

b) $\frac{5}{12}$ und $\frac{7}{18} = \frac{}{36}$; $\frac{19}{24}$ und $\frac{35}{36} = \frac{}{72}$; $\frac{4}{15}$ und $\frac{3}{20}$ und $\frac{11}{30} = \frac{}{60}$; $\frac{11}{4}$ und $\frac{5}{8}$ und $\frac{13}{16} = \frac{}{16}$;

c) $\frac{7}{8}$ und $\frac{4}{16} = \frac{7}{8}$ und $\frac{2}{8}$; $\frac{9}{15}$ und $\frac{12}{20} = \frac{3}{5}$ und $\frac{3}{5}$; $\frac{16}{32}$ und $\frac{26}{104} = \frac{2}{4}$ und $\frac{1}{4}$;

$\frac{15}{24}$ und $\frac{10}{16}$ und $\frac{6}{48} = \frac{5}{8}$ und $\frac{1}{8}$;

zu ❷ a) $\frac{11}{12}$ und $\frac{7}{18} = \frac{33}{36}$ und $\frac{14}{36}$;   b) $\frac{7}{12}$ und $\frac{9}{16} = \frac{28}{48}$ und $\frac{27}{48}$; $\frac{28}{48} > \frac{27}{48}$;

zu ❸ a) $\frac{9}{12} > \frac{8}{12}$; $\frac{7}{12} < \frac{9}{12}$; $\frac{12}{14} < \frac{13}{14}$; $\frac{26}{30} < \frac{27}{30}$; $\frac{85}{100} < \frac{92}{100}$; $\frac{475}{825} < \frac{561}{825}$;

b) $\frac{77}{88} > \frac{72}{88}$; $\frac{70}{120} / \frac{75}{120} / \frac{72}{120} = \frac{75}{120} > \frac{72}{120} > \frac{70}{120}$;

$\frac{216}{504} / \frac{315}{504} / \frac{392}{504} / \frac{336}{504} = \frac{392}{504} > \frac{336}{504} > \frac{315}{504} > \frac{216}{504}$;

$\frac{28}{72} / \frac{45}{72} / \frac{27}{72} / \frac{42}{72} / \frac{44}{72} = \frac{45}{72} > \frac{44}{72} > \frac{42}{72} > \frac{28}{72} > \frac{27}{72}$;

zu ❹ a) [1]   b) [1 ; 2 ; 3 ; 4]   c) [< 16]

d) [> 16]   e) [< 26]   f) [> 192]

zu ❺ a) 2 ; 3 ; 4 ; 6 ; 12 ;   b) 2 ; 4 ; 8 ;

zu ❻ a) $4\frac{3}{4}$; $11\frac{2}{3}$; $12\frac{5}{7}$; $6\frac{17}{20}$; $7\frac{43}{50}$; $7\frac{40}{80} = 7\frac{1}{2}$; $142\frac{6}{7}$;

b) $\frac{7}{2}$; $\frac{43}{8}$; $\frac{46}{5}$; $\frac{34}{3}$; $\frac{109}{7}$; $\frac{163}{8}$; $\frac{145}{4}$;

MAT

<u>Übungsaufgaben: Kürzen, Erweitern und Vergleichen von Brüchen (2)</u>

❶ Von den folgenden Ausdrücken haben fünf den gleichen Wert.
Um welche handelt es sich?

a) $\dfrac{25}{26} + \dfrac{7}{26}$
b) $3\dfrac{2}{10} + \dfrac{2}{10}$
c) $1\dfrac{6}{26}$
d) $1\dfrac{3}{13}$
e) $\dfrac{16}{13}$

f) $3\dfrac{2}{5}$
g) $\dfrac{26}{32}$
h) $1\dfrac{1}{5} + \dfrac{1}{5}$
i) $1\dfrac{3}{13} + \dfrac{2}{13}$

❷ Vergleiche folgende Zahlen miteinander:

a) $\dfrac{9}{7}$ und $1\dfrac{3}{7}$
b) $3\dfrac{5}{6}$ und $\dfrac{25}{6}$
c) $5\dfrac{1}{2}$ und $\dfrac{11}{3}$
d) $\dfrac{19}{8}$ und $3\dfrac{4}{5}$

e) $3\dfrac{1}{2}$ und $3\dfrac{1}{3}$
f) $5\dfrac{5}{8}$ und $5\dfrac{6}{9}$
g) $2\dfrac{1}{2}$ und $2\dfrac{3}{8}$
h) $7\dfrac{4}{9}$ und $7\dfrac{3}{10}$

❸ Ordne folgende Bruchzahlen der Größe nach:

a) $3\dfrac{1}{2}$, $\dfrac{7}{3}$, $\dfrac{17}{5}$ und $3\dfrac{3}{5}$
b) $\dfrac{7}{4}$, $\dfrac{9}{8}$, $\dfrac{10}{6}$, $\dfrac{13}{12}$ und $1\dfrac{1}{2}$

c) $\dfrac{19}{5}$, $\dfrac{39}{10}$, $\dfrac{77}{20}$ und $3\dfrac{1}{2}$
d) $\dfrac{10}{3}$, $\dfrac{32}{9}$, $3\dfrac{7}{9}$, $3\dfrac{2}{3}$ und $\dfrac{7}{2}$

❹ Auch gemischte Zahlen können gleichnamig gemacht werden.
Beispiel: $2\dfrac{2}{3}$ und $4\dfrac{3}{5}$ werden übergeführt in $2\dfrac{10}{15}$ und $4\dfrac{9}{15}$.

Mache gleichnamig:

a) $3\dfrac{2}{7}$ und $5\dfrac{1}{6}$
b) $7\dfrac{1}{2}$ und $5\dfrac{7}{8}$
c) $4\dfrac{12}{13}$ und $6\dfrac{1}{2}$
d) $4\dfrac{3}{8}$ und $7\dfrac{3}{4}$

e) $5\dfrac{1}{3}$, $2\dfrac{5}{6}$ und $3\dfrac{11}{12}$
f) $9\dfrac{1}{2}$, $4\dfrac{3}{8}$, $7\dfrac{1}{4}$, $3\dfrac{11}{12}$ und $5\dfrac{5}{6}$

❺ a) Welche der Bruchzahlen $\dfrac{13}{8}$, $\dfrac{20}{15}$, $1\dfrac{8}{10}$, $\dfrac{7}{5}$, $1\dfrac{2}{3}$, $\dfrac{15}{10}$ liegen zwischen $1\dfrac{1}{4}$ und $1\dfrac{7}{10}$?

b) Welche der folgenden Zahlen sind größer als $1\dfrac{3}{5}$?

$\dfrac{1}{5}$ $\qquad$ $1\dfrac{2}{3}$ $\qquad$ $3\dfrac{1}{5}$ $\qquad$ $\dfrac{15}{8}$ $\qquad$ $\dfrac{9}{5}$ $\qquad$ $\dfrac{12}{7}$ $\qquad$ $\dfrac{7}{3}$ $\qquad$ $1\dfrac{3}{4}$

c) Welche der folgenden Zahlen haben den gleichen Wert wie der Bruch $2\dfrac{1}{5}$?

$2\dfrac{15}{75}$ $\qquad$ $\dfrac{77}{35}$ $\qquad$ $2\dfrac{7}{40}$ $\qquad$ $\dfrac{100}{45}$ $\qquad$ $\dfrac{145}{70}$ $\qquad$ $\dfrac{173}{180}$

Übungsaufgaben: Kürzen, Erweitern und Vergleichen von Brüchen (2) (Lösungen)

zu ❶ a | c | d | e | i $= \dfrac{16}{13}$;

zu ❷ a) $\dfrac{9}{7} < \dfrac{10}{7}$; b) $\dfrac{23}{6} < \dfrac{25}{26}$; c) $\dfrac{11}{2} < \dfrac{11}{3}$; d) $\dfrac{19}{8} < \dfrac{19}{5}$;

e) $\dfrac{7}{2} \ / \ \dfrac{10}{3}$; f) $\dfrac{45}{8} \ / \ \dfrac{51}{9}$; g) $\dfrac{5}{2} \ / \ \dfrac{19}{8}$; h) $\dfrac{67}{9} \ / \ \dfrac{73}{10}$;

$\left(= \dfrac{21}{6} > \dfrac{20}{6} \right)$ $\left(= \dfrac{405}{72} < \dfrac{408}{72} \right)$ $\left(= \dfrac{20}{8} > \dfrac{19}{8} \right)$ $\left(= \dfrac{670}{90} > \dfrac{657}{90} \right)$

zu ❸ a) $\dfrac{7}{2} \ / \ \dfrac{7}{3} \ / \ \dfrac{17}{5} \ / \ \dfrac{18}{5} = \dfrac{105}{30} \ / \ \dfrac{70}{30} \ / \ \dfrac{102}{30} \ / \ \dfrac{108}{30} = \dfrac{70}{30} < \dfrac{102}{30} < \dfrac{105}{30} < \dfrac{108}{30} =$

$\dfrac{7}{3} < \dfrac{17}{5} < 3\dfrac{1}{2} < 3\dfrac{3}{5}$;

b) $\dfrac{7}{4} \ / \ \dfrac{9}{8} \ / \ \dfrac{10}{6} \ / \ \dfrac{13}{12} \ / \ \dfrac{3}{2} = \dfrac{42}{24} \ / \ \dfrac{27}{24} \ / \ \dfrac{40}{24} \ / \ \dfrac{26}{24} \ / \ \dfrac{36}{24} =$

$\dfrac{26}{24} < \dfrac{27}{24} < \dfrac{36}{24} < \dfrac{40}{24} < \dfrac{42}{24} = \dfrac{13}{12} < \dfrac{9}{8} < 1\dfrac{1}{2} < \dfrac{10}{6} < \dfrac{7}{4}$;

c) $\dfrac{19}{5} \ / \ \dfrac{39}{10} \ / \ \dfrac{77}{20} \ / \ \dfrac{7}{2} = \dfrac{76}{20} \ / \ \dfrac{78}{20} \ / \ \dfrac{77}{20} \ / \ \dfrac{70}{20} =$

$\dfrac{70}{20} < \dfrac{76}{20} < \dfrac{77}{20} < \dfrac{78}{20} = 3\dfrac{1}{2} < \dfrac{19}{5} < \dfrac{77}{20} < \dfrac{39}{10}$;

d) $\dfrac{10}{3} \ / \ \dfrac{32}{9} \ / \ \dfrac{34}{9} \ / \ \dfrac{11}{3} \ / \ \dfrac{7}{2} = \dfrac{60}{18} \ / \ \dfrac{64}{18} \ / \ \dfrac{68}{18} \ / \ \dfrac{66}{18} \ / \ \dfrac{63}{18} =$

$\dfrac{60}{18} < \dfrac{63}{18} < \dfrac{64}{18} < \dfrac{66}{18} < \dfrac{68}{18} = \dfrac{10}{3} < \dfrac{7}{2} < \dfrac{32}{9} < 3\dfrac{2}{3} < 3\dfrac{7}{9}$;

zu ❹ a) $3\dfrac{12}{42}$ und $5\dfrac{7}{42}$; b) $7\dfrac{4}{8}$ und $5\dfrac{7}{8}$; c) $4\dfrac{24}{26}$ und $6\dfrac{13}{26}$;

a) $4\dfrac{3}{8}$ und $7\dfrac{6}{8}$; b) $5\dfrac{4}{12}, \ 2\dfrac{10}{12}$ und $3\dfrac{11}{12}$; c) $9\dfrac{12}{24}, \ 4\dfrac{9}{24}, \ 7\dfrac{6}{24}, \ 3\dfrac{22}{24}$ und $5\dfrac{20}{24}$;

zu ❺ a) $1\dfrac{1}{4}$ und $1\dfrac{7}{10} = \dfrac{5}{4}$ und $\dfrac{17}{10} = \dfrac{150}{120}$ und $\dfrac{204}{120}$;

$\dfrac{13}{8} \ / \ \dfrac{20}{15} \ / \ \dfrac{18}{10} \ / \ \dfrac{7}{5} \ / \ \dfrac{5}{3} \ / \ \dfrac{15}{10} = \dfrac{195}{120} \ / \ \dfrac{160}{120} \ / \ \dfrac{216}{120} \ / \ \dfrac{168}{120} \ / \ \dfrac{200}{120} \ / \ \dfrac{180}{120}$;

Ergebnis: $\dfrac{13}{8} \ / \ \dfrac{20}{15} \ / \ \dfrac{7}{5} \ / \ 1\dfrac{2}{3} \ / \ \dfrac{15}{10}$;

b) Zahl $1\dfrac{3}{5}$: $\dfrac{1}{5} \ / \ 1\dfrac{2}{3} \ / \ 3\dfrac{1}{5} \ / \ 1\dfrac{7}{8} \ / \ 1\dfrac{4}{5} \ / \ 1\dfrac{5}{7} \ / \ 2\dfrac{1}{3} \ / \ 1\dfrac{3}{4}$;

Ergebnis: $1\dfrac{2}{3} \ / \ 3\dfrac{1}{5} \ / \ 1\dfrac{7}{8} \ / \ 1\dfrac{4}{5} \ / \ 1\dfrac{5}{7} \ / \ 2\dfrac{1}{3} \ / \ 1\dfrac{3}{4}$;

c) Zahl $2\dfrac{1}{5}$: $2\dfrac{15}{75} = 2\dfrac{1}{5}$; $2\dfrac{7}{40} \ne 2\dfrac{1}{5}$; $\dfrac{145}{70} = 2\dfrac{5}{70} = 2\dfrac{1}{14} \ne 2\dfrac{1}{5}$;

$\dfrac{77}{35} = 2\dfrac{7}{35} = 2\dfrac{1}{5}$; $\dfrac{100}{45} = 2\dfrac{10}{45} = 2\dfrac{2}{9} \ne 2\dfrac{1}{5}$; $\dfrac{173}{180} = 1\dfrac{7}{180} \ne 2\dfrac{1}{5}$;

THEMA

Wir wiederholen die Grundrechenarten bei Brüchen

LERNZIELE

- Wiederholung der wichtigsten Begriffe des Bruchrechnens
- Regeln für die vier Grundrechenarten bei Brüchen lernen
- Regeln bei Übungsaufgaben zur Anwendung bringen

ARBEITSMITTEL/MEDIEN/LITERATURHINWEISE

- Arbeitsblätter
- Folien
- Aufgaben S. 27 aus: B. Maierhöfer: Mathematik in der Hauptschule für die 9. Klasse. © Verlag E.C. Baumann KG, Kulmbach, S. 9
- Regeln S. 21 aus: Bausteine der Mathematik 7. Jahrgangsstufe. © Oldenbourg/Schroedel, München/Hannover 1978

TAFELBILD/FOLIEN

Addition/Subtraktion

> **Bei der Addition (Subtraktion) von gemischten Zahlen addieren (subtrahieren) wie zuerst die Ganzen und dann die Bruchzahlen. Verwandle, wenn nötig.**

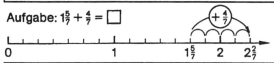

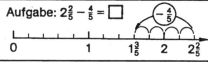

> **Gleichnamige Brüche werden addiert (subtrahiert), indem die Zähler addiert (subtrahiert) werden. Der Nenner bleibt gleich.**

Multiplikation

> **Faktoren kann man vertauschen.**

> **Wir multiplizieren einen Bruch mit einem Bruch, indem wir Zähler mit Zähler und Nenner mit Nenner multiplizieren.**

$$\text{Beispiel: } 2\frac{2}{3} \cdot 3\frac{3}{5} = \frac{8}{3} \cdot \frac{18}{5} = \frac{8 \cdot 18}{3 \cdot 5} = \frac{8 \cdot 6}{5} = \frac{48}{5} = 9\frac{3}{5}$$

> **Wir multiplizieren eine gemischte Zahl mit einer gemischten Zahl, indem wir beide Zahlen in unechte Brüche verwandeln und dann multiplizieren.**

Division

> **Wir dividieren durch einen Bruch, indem wir mit dem Kehrwert des Bruches multiplizieren.**

$$\text{Wir erkennen: } 18 : \frac{3}{4} = 18 \cdot \frac{4}{3}$$

$$\frac{4}{3} \text{ ist der Kehrwert von } \frac{3}{4}$$

$$\text{Wir rechnen: } 18 : \frac{3}{4} = 18 \cdot \frac{4}{3} = \frac{18 \cdot 4}{3} = \frac{6 \cdot 4}{1} = 24$$

> **Wir dividieren eine gemischte Zahl durch eine gemischte Zahl, indem wir zuerst beide Zahlen in unechte Brüche verwandeln; dann multiplizieren wir den ersten Bruch mit dem Kehrwert des zweiten Bruches.**

Stundenbild

I. Hinführung

Wiederholung mit Aussprache | TLP

1. Kürzen und Erweitern

a) Wie heißt die Kürzungszahl?

$$\frac{6}{9} = \frac{2}{3} \qquad \frac{26}{65} = \frac{2}{5} \qquad \frac{111}{165} = \frac{37}{55}$$

b) Kürze!

$$\frac{4}{20} \quad \frac{15}{75} \quad \frac{80}{100} \quad \frac{9}{35} \quad \frac{16}{12} \quad \frac{15}{35} \quad \frac{4}{32} \quad \frac{49}{56}$$

c) Wie heißt die Erweiterungszahl?

$$\frac{3}{5} = \frac{27}{45} \qquad \frac{3}{7} = \frac{33}{77} \qquad \frac{9}{11} = \frac{45}{55}$$

d) Erweitere mit 2, mit 5!

$$\frac{3}{5} \quad \frac{4}{7} \quad \frac{9}{11} \quad \frac{20}{13}$$

2. Vergleichen der Brüche

a) Vier Freunde geben monatlich 60 € beim Lottospiel aus; der erste zahlt $\frac{1}{4}$, der zweite $\frac{1}{3}$, der dritte $\frac{3}{10}$ und der vierte $\frac{7}{60}$. Welcher der Freunde steuert das meiste Geld bei?

b) Welche der folgenden Aussagen sind falsch, welche sind wahr?

$$\frac{1}{2} > \frac{3}{4} \qquad \frac{3}{16} < \frac{5}{32} \qquad \frac{3}{11} = \frac{9}{33}$$

$$\frac{7}{11} < \frac{48}{77} \qquad \frac{5}{12} > \frac{55}{156} \qquad \frac{11}{18} = \frac{165}{270}$$

Wichtige Begriffe

Kürzen und Erweitern von Brüchen / Hauptnenner / Echter ($\frac{2}{3}$) und unechter ($\frac{7}{3}$) Bruch / Gemischte Zahl ($2\frac{1}{3}$)

Zielangabe | TA

> **Wir wiederholen die Grundrechenarten bei Brüchen**

II. Erarbeitung

Erarbeitung der Lösungsschritte LSG | TLP/TA

Zsf. | TA (S. 21) | Addition und Subtraktion

| TA (S. 21) | Multiplikation und Division

Beispiele | TA/ TLP

Zsf. Lösungsschritte AB 1 (S. 23)

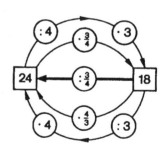

III. Sicherung

Grundrechenarten mit jeweiliger Textaufgabe | AB 2 (S. 25) | Bruchrechnen: Übersicht

IV. Ausweitung

Sachaufgaben
Übungsaufgaben | AB 3 (mit Lösungen 3 Bl.)

Übungsaufgaben: Grundrechenarten bei Brüchen
Lösungen: a) 8 b) 9 c) 61 d) 3 e) 15 f) 1580 g) 592 h) 24 860

AB 4 (mit Lösungen 1 Bl.)

MAT

Wir wiederholen die Grundrechenarten bei Brüchen

❶ Addition (+), Subtraktion (−)

$$\frac{2}{3} + \frac{3}{5} = \frac{\qquad + \qquad}{\qquad} = \frac{\qquad}{\qquad} = \qquad ;$$

$$\frac{5}{6} - \frac{3}{8} = \frac{\qquad - \qquad}{\qquad} = \qquad ;$$

1. Schritt:	_____ suchen (unten)
2. Schritt:	Im _____ (oben) addieren bzw. subtrahieren
3. Schritt:	_____ (wenn möglich)

Übungsaufgaben:

① $8\frac{1}{3} + 4\frac{1}{2} + 6\frac{1}{4} =$ ② $16\frac{1}{4} + 5\frac{3}{5} + 8\frac{7}{8} =$ ③ $2\frac{1}{3} + 3\frac{1}{7} + 5\frac{4}{5} =$

❷ Multiplikation (·)

$$\frac{3}{8} \cdot \frac{4}{9} = \frac{\qquad}{\qquad} = \frac{\qquad}{\qquad} \cdot \frac{\qquad}{\qquad} = \qquad ;$$

$$2\frac{1}{3} \cdot 2\frac{1}{4} = \frac{\qquad}{\qquad} \cdot \frac{\qquad}{\qquad} = \frac{\qquad}{\qquad} \cdot \frac{\qquad}{\qquad} = \frac{\qquad}{\qquad} = \qquad ;$$

1. Schritt:	_____ Zahlen in Brüche _____
2. Schritt:	_____ (wenn möglich)
3. Schritt:	Nenner und Zähler _____, jeden für sich multiplizieren

Übungsaufgaben:

① $2\frac{2}{3} \cdot 3\frac{3}{5} =$ ② $3\frac{1}{5} \cdot 2\frac{2}{4} =$ ③ $7\frac{1}{9} \cdot 2\frac{2}{8} =$

❸ Division (:)

$$\frac{3}{4} : \frac{6}{7} = \frac{\qquad}{\qquad} \cdot \frac{\qquad}{\qquad} = \frac{\qquad}{\qquad} \cdot \frac{\qquad}{\qquad} = \qquad ;$$

$$4\frac{1}{3} : 2\frac{1}{4} = \frac{\qquad}{\qquad} : \frac{\qquad}{\qquad} = \frac{\qquad}{\qquad} \cdot \frac{\qquad}{\qquad} = \frac{\qquad}{\qquad} = \qquad ;$$

1. Schritt:	_____ Zahlen in Brüche _____
2. Schritt:	Aus dem _____ wird durch Bildung des _____ ein Malnehmer

Übungsaufgaben:

① $13\frac{1}{2} : 2\frac{1}{4} =$ ② $5\frac{5}{6} : 2\frac{1}{3} =$ ③ $2\frac{4}{9} : 1\frac{7}{11} =$

MAT

Wir wiederholen die Grundrechenarten bei Brüchen

❶ **Addition (+), Subtraktion (−)**

$$\frac{2}{3} + \frac{3}{5} = \frac{10 + 9}{15} = \frac{19}{15} = 1\frac{4}{15} \; ;$$

$$\frac{5}{6} - \frac{3}{8} = \frac{20 - 9}{24} = \frac{11}{24} \; ;$$

1. Schritt:	**Hauptnenner** suchen (unten)	
2. Schritt:	Im **Zähler** (oben) addieren bzw. subtrahieren	
3. Schritt:	**Kürzen** (wenn möglich)	

Übungsaufgaben:

① $8\frac{1}{3} + 4\frac{1}{2} + 6\frac{1}{4} = 19\frac{1}{2}$ ② $16\frac{1}{4} + 5\frac{3}{5} + 8\frac{7}{8} = 30\frac{29}{40}$ ③ $2\frac{1}{3} + 3\frac{1}{7} + 5\frac{4}{5} = 10\frac{29}{105}$

❷ **Multiplikation (·)**

$$\frac{3}{8} \cdot \frac{4}{9} = \frac{\cancel{3}^{1} \; \cancel{4}^{1}}{\cancel{8}_{2} \; \cancel{9}_{3}} = \frac{1}{2} \cdot \frac{1}{3} = \frac{1}{6} \; ;$$

$$2\frac{1}{3} \cdot 2\frac{1}{4} = \frac{7}{\cancel{3}_{1}} \cdot \frac{\cancel{9}^{3}}{4} = \frac{7}{1} \cdot \frac{3}{4} = \frac{21}{4} = 5\frac{1}{4} \; ;$$

1. Schritt:	**Gemischte** Zahlen in Brüche **umwandeln**	
2. Schritt:	**Kürzen** (wenn möglich)	
3. Schritt:	Nenner und Zähler **getrennt**, jeden für sich multiplizieren	

Übungsaufgaben:

① $2\frac{2}{3} \cdot 3\frac{3}{5} = 9\frac{3}{5}$ ② $3\frac{1}{5} \cdot 2\frac{2}{4} = 8$ ③ $7\frac{1}{9} \cdot 2\frac{2}{8} = 16$

❸ **Division (:)**

$$\frac{3}{4} : \frac{6}{7} = \frac{\cancel{3}^{1}}{4} \cdot \frac{7}{\cancel{6}_{2}} = \frac{1}{4} \cdot \frac{7}{2} = \frac{7}{8} \; ;$$

$$4\frac{1}{3} : 2\frac{1}{4} = \frac{13}{3} : \frac{9}{4} = \frac{13}{3} \cdot \frac{4}{9} = \frac{52}{27} = 1\frac{25}{27} \; ;$$

1. Schritt:	**Gemischte** Zahlen in Brüche **umwandeln**	
2. Schritt:	Aus dem **Teiler** wird durch Bildung des **Kehrwertes** ein Malnehmer	

Übungsaufgaben:

① $13\frac{1}{2} : 2\frac{1}{4} = 6$ ② $5\frac{5}{6} : 2\frac{1}{3} = 2\frac{1}{2}$ ③ $2\frac{4}{9} : 1\frac{7}{11} = 1\frac{40}{81}$

MAT

Übungsaufgaben zu den Grundrechenarten

Erweitern und Kürzen

Erweitern:

$$\frac{}{9} \longrightarrow \bigcirc \longrightarrow \frac{84}{108}$$

_____

_____

Kürzen:

$$\frac{49}{84} \longrightarrow \bigcirc \longrightarrow \frac{}{}$$

_____

_____

Addieren und Subtrahieren

Peter geht zum Einkaufen. Zu seinem Freund braucht er $\frac{1}{10}$ Stunde. Zum Metzger braucht er $\frac{1}{15}$ Stunde, bis sie wieder aus dem Laden kommen, vergehen $\frac{2}{5}$ Stunden. Das Brot besorgen verlangt $\frac{1}{4}$ Stunde Zeit. Auf dem Heimweg vergehen $\frac{5}{12}$ Stunden. Brauchen sie länger oder weniger länger als $1\frac{1}{2}$ Stunden?

Rechnung:

Antwort:

_____

Wir merken:

_____

_____

_____

Multiplizieren

Eine Schule wird von insgesamt 196 Schülern besucht. $\frac{3}{7}$ davon sind Mädchen, von denen wiederum $\frac{5}{12}$ mit dem Rad zur Schule kommen.
Wie viele Mädchen besuchen die Schule?
Wie viele Mädchen kommen mit dem Rad zur Schule?

Rechnung:

Antwort:

_____

_____

Wir merken:

_____

_____

Dividieren

Die letzten 20 Meter eines 100-Meter-Laufes werden vom Fernsehen in Zeitlupe noch einmal eingeblendet. Die Zeitlupe arbeitet mit dem Zeitdehnungsfaktor $\frac{5}{2}$. Der Sieger läuft im Zeitlupentempo $5\frac{1}{4}$ Sekunden, der zweite $5\frac{3}{10}$ Sekunden, der dritte $5\frac{2}{5}$ Sekunden. Wie viele Sekunden sind sie in Wirklichkeit gelaufen?

Rechnung:

Antwort:

_____

_____

Wir merken:

_____

_____

MAT

Übungsaufgaben zu den Grundrechenarten

Erweitern und Kürzen

Erweitern:

$$\frac{7}{9} \quad \xrightarrow{\cdot 12} \quad \frac{84}{108}$$

Zähler und Nenner mit der gleichen Zahl multiplizieren

Kürzen:

$$\frac{49}{84} \quad \xrightarrow{:7} \quad \frac{7}{12}$$

Zähler und Nenner durch die gleiche Zahl dividieren

Addieren und Subtrahieren

Peter geht zum Einkaufen. Zu seinem Freund braucht er $\frac{1}{10}$ Stunde. Zum Metzger braucht er $\frac{1}{15}$ Stunde, bis sie wieder aus dem Laden kommen, vergehen $\frac{2}{5}$ Stunden. Das Brot besorgen verlangt $\frac{1}{4}$ Stunde Zeit. Auf dem Heimweg vergehen $\frac{5}{12}$ Stunden. Brauchen sie länger oder weniger länger als $1\frac{1}{2}$ Stunden?

Rechnung:

$$\frac{1}{10} + \frac{1}{15} + \frac{2}{5} + \frac{1}{4} + \frac{5}{12} =$$

$$\frac{6}{60} + \frac{4}{60} + \frac{24}{60} + \frac{15}{60} + \frac{25}{60} = \frac{74}{60} \, [h] ;$$

$$1\frac{1}{2} = \frac{3}{2} = \frac{90}{60} \, [h] ;$$

$$\frac{90}{60} - \frac{74}{60} = \frac{16}{60} \, [h] ;$$

Antwort:

Sie brauchen 16 Minuten weniger.

Wir merken:

1. Erweitern: gemeinsamer Hauptnenner;

2. Zähler addieren bzw. subtrahieren;

3. kürzen;

Multiplizieren

Eine Schule wird von insgesamt 196 Schülern besucht. $\frac{3}{7}$ davon sind Mädchen, von denen wiederum $\frac{5}{12}$ mit dem Rad zur Schule kommen.
Wie viele Mädchen besuchen die Schule?
Wie viele Mädchen kommen mit dem Rad zur Schule?

Rechnung:

$$196 \cdot \frac{3}{7} = 84 \, [\text{Mädchen}] ;$$

$$84 \cdot \frac{5}{12} = 35 \, [\text{Mädchen}] ;$$

Antwort:

84 Mädchen besuchen die Schule.

35 Mädchen sind Radfahrerinnen.

Wir merken:

1. Zähler mal Zähler, Nenner mal Nenner;

2. wenn möglich, kürzen;

Dividieren

Die letzten 20 Meter eines 100-Meter-Laufes werden vom Fernsehen in Zeitlupe noch einmal eingeblendet. Die Zeitlupe arbeitet mit dem Zeitdehnungsfaktor $\frac{5}{2}$. Der Sieger läuft im Zeitlupentempo $5\frac{1}{4}$ Sekunden, der zweite $5\frac{3}{10}$ Sekunden, der dritte $5\frac{2}{5}$ Sekunden.
Wie viele Sekunden sind sie in Wirklichkeit gelaufen?

Rechnung:

$$5\frac{1}{4} : \frac{5}{2} = \frac{21}{4} \cdot \frac{2}{5} = \frac{21}{10} = 2\frac{1}{10} \, [s] ;$$

$$5\frac{3}{10} : \frac{5}{2} = \frac{53}{10} \cdot \frac{2}{5} = \frac{53}{25} = 2\frac{3}{25} \, [s] ;$$

$$5\frac{2}{5} : \frac{5}{2} = \frac{27}{5} \cdot \frac{2}{5} = \frac{54}{25} = 2\frac{4}{25} \, [s] ;$$

Antwort:

Sieger: $2\frac{1}{10}$ s, der Zweite: $2\frac{3}{25}$ s, der

Dritte: $2\frac{4}{25}$ s.

Wir merken:

1. Kehrwert des 2. Bruches; 2. Zähler mal Zähler, Nenner mal Nenner; 3. kürzen;

MAT

Übungsaufgaben: Vermischte Aufgaben

❶ $(3 + 4) \cdot 8 - 6 \cdot (17 - 9)$

❷ $(14 - 5) : 3 + (24 - 6) : 3$

❸ $(272 : 16 + 33) : 10 + 7 \cdot 8$

❹ $15 \cdot (15 + 93) - (231 - 228) \cdot 539$

❺ $(851 : 37 + 427 : 61) : 2$

❻ $46\,363 + 3 \cdot (854 - 591) - 4 \cdot 11\,393$

❼ $592 \cdot 19 - 125 : 25 + 305 : 61 - 18 \cdot 592$

❽ $(360 \cdot 2486) : 72 - 12\,430 \cdot 2 + (360 \cdot 2486) : 24$

Harte Nüsse:

❶ $\dfrac{4}{5} + \dfrac{1}{10} \cdot 2 - 3\dfrac{1}{2} + 4 : \dfrac{1}{2}$

❷ $4\dfrac{5}{6} - 3\dfrac{3}{4} : 5 + 7\dfrac{3}{8} - 2\dfrac{2}{3}$

❸ $12\dfrac{3}{8} \cdot 3\dfrac{7}{11} - 7\dfrac{9}{10} + 3\dfrac{1}{4} : 2\dfrac{1}{2} + 7\dfrac{2}{15} : \dfrac{1}{15}$

❹ $2\dfrac{8}{27} \cdot 3\dfrac{3}{8} : 7\dfrac{3}{4} + 2\dfrac{3}{8} : \dfrac{19}{32} + 2\dfrac{1}{2} - 5$

❺ $6\dfrac{12}{13} \cdot \dfrac{39}{45} - 2\dfrac{5}{6} : 5\dfrac{2}{3} + \dfrac{3}{4} \cdot 10 - 1\dfrac{1}{4} : \dfrac{5}{8} + 4$

❻ $\dfrac{17}{18} \cdot 24 - 11\dfrac{2}{3} + 9\dfrac{13}{25} \cdot \dfrac{15}{119} - 7\dfrac{7}{24} : 2\dfrac{1}{12} - 1\dfrac{1}{5}$

❼ $(8\dfrac{1}{2} + 2\dfrac{1}{3}) \cdot 9\dfrac{3}{13} - (4\dfrac{1}{4} - 3\dfrac{2}{5}) : 3\dfrac{2}{5} - 15 : \dfrac{3}{5}$

❽ $(5\dfrac{1}{4} - 2) : 6\dfrac{1}{2} + \dfrac{1}{7} + (\dfrac{29}{34} \cdot 3\dfrac{7}{9}) - 3\dfrac{23}{63}$

❾ $(12\dfrac{1}{3} : 3\dfrac{7}{10}) \cdot 3\dfrac{3}{8} + (2\dfrac{7}{12} + 1\dfrac{3}{18}) - 2\dfrac{3}{4} \cdot 1\dfrac{9}{11}$

❿ $(9 - 1\dfrac{3}{4}) : 7\dfrac{1}{4} + (4\dfrac{1}{2} + 2\dfrac{3}{4}) \cdot \dfrac{16}{29} - 7\dfrac{1}{2} : 5$

Für schnelle Rechner:

① $(2\dfrac{1}{4} + 3\dfrac{5}{6} + 4\dfrac{1}{12}) : (3\dfrac{5}{6} - 2\dfrac{4}{9}) - 5\dfrac{8}{25}$

② $(4\dfrac{1}{2} + 1\dfrac{3}{4} - 2\dfrac{2}{3}) : \dfrac{1}{18} + (5\dfrac{5}{12} + 4\dfrac{3}{8}) : (5\dfrac{5}{12} - 4\dfrac{3}{8})$

Brüche: Harte Nüsse (Lösungen 1)

zu ❶ $\dfrac{4}{5} + \dfrac{1}{10} \cdot 2 - 3\dfrac{1}{2} + 4 : \dfrac{1}{2} =$

$\dfrac{4}{5} + \dfrac{2}{10} - \dfrac{7}{2} + 4 \cdot \dfrac{2}{1} =$

$\dfrac{8}{10} + \dfrac{2}{10} - \dfrac{35}{10} + \dfrac{80}{10} = \dfrac{55}{10} = \underline{5\dfrac{1}{2}}\,;$

zu ❷ $4\dfrac{5}{6} - 3\dfrac{3}{4} : 5 + 7\dfrac{3}{8} - 2\dfrac{2}{3} =$

$\dfrac{29}{6} - \dfrac{15}{4} \cdot \dfrac{1}{5} + \dfrac{59}{8} - \dfrac{8}{3} =$

$\dfrac{29}{6} - \dfrac{3}{4} + \dfrac{59}{8} - \dfrac{8}{3} =$

$\dfrac{116}{24} - \dfrac{18}{24} + \dfrac{177}{24} - \dfrac{64}{24} = \dfrac{211}{24} = \underline{8\dfrac{19}{24}}\,;$

zu ❸ $12\dfrac{3}{8} \cdot 3\dfrac{7}{11} - 7\dfrac{9}{10} + 3\dfrac{1}{4} : 2\dfrac{1}{2} + 7\dfrac{2}{15} : \dfrac{1}{15} =$

$\dfrac{99}{8} \cdot \dfrac{40}{11} - \dfrac{79}{10} + \dfrac{13}{4} : \dfrac{5}{2} + \dfrac{107}{15} : \dfrac{1}{15} =$

$\dfrac{9}{1} \cdot \dfrac{5}{1} - \dfrac{79}{10} + \dfrac{13}{4} \cdot \dfrac{2}{5} + \dfrac{107}{15} \cdot \dfrac{15}{1} =$

$45 - \dfrac{79}{10} + \dfrac{13}{2} \cdot \dfrac{1}{5} + \dfrac{107}{1} =$

$\dfrac{450}{10} - \dfrac{79}{10} + \dfrac{13}{10} + \dfrac{1070}{10} =$

$\dfrac{1454}{10} = 145\dfrac{4}{10} = \underline{145\dfrac{2}{5}}\,;$

zu ❹ $2\dfrac{8}{27} \cdot 3\dfrac{3}{8} : 7\dfrac{3}{4} + 2\dfrac{3}{8} : \dfrac{19}{32} + 2\dfrac{1}{2} - 5 =$

$\dfrac{62}{27} \cdot \dfrac{27}{8} : \dfrac{31}{4} + \dfrac{19}{8} : \dfrac{19}{32} + \dfrac{5}{2} - 5 =$

$\dfrac{62}{27} \cdot \dfrac{27}{8} \cdot \dfrac{4}{31} + \dfrac{19}{8} \cdot \dfrac{32}{19} + \dfrac{5}{2} - \dfrac{10}{2} =$

$1 + 4 + \dfrac{5}{2} - \dfrac{10}{2} =$

$\dfrac{2}{2} + \dfrac{8}{2} + \dfrac{5}{2} - \dfrac{10}{2} = \dfrac{5}{2} = \underline{2\dfrac{1}{2}}\,;$

Brüche: Harte Nüsse (Lösungen 2)

zu ❺

$$6\frac{12}{13} \cdot \frac{39}{45} - 2\frac{5}{6} : 5\frac{2}{3} + \frac{3}{4} \cdot 10 - 1\frac{1}{4} : \frac{5}{8} + 4 =$$

$$\frac{90}{13} \cdot \frac{39}{45} - \frac{17}{6} : \frac{17}{3} + \frac{3}{4} \cdot \frac{10}{1} - \frac{5}{4} : \frac{5}{8} + 4 =$$

$$\frac{6}{1} - \frac{17}{6} \cdot \frac{3}{17} + \frac{15}{2} - \frac{5}{4} \cdot \frac{8}{5} + 4 =$$

$$6 - \frac{1}{2} + \frac{15}{2} - \frac{4}{2} + 4 = \frac{12}{2} - \frac{1}{2} + \frac{15}{2} - \frac{4}{2} + \frac{8}{2} = \frac{30}{2} = \underline{15} \; ;$$

zu ❻

$$\frac{17}{18} \cdot 24 - 11\frac{2}{3} + 9\frac{13}{25} \cdot \frac{15}{119} - 7\frac{7}{24} : 2\frac{1}{12} - 1\frac{1}{5} =$$

$$\frac{408}{18} - \frac{35}{3} + \frac{238}{25} \cdot \frac{15}{119} - \frac{175}{24} : \frac{25}{12} - \frac{6}{5} =$$

$$\frac{408}{18} - \frac{35}{3} + \frac{6}{5} - \frac{175}{24} \cdot \frac{12}{25} - \frac{6}{5} =$$

$$\frac{136}{6} - \frac{35}{3} + \frac{6}{5} - \frac{7}{2} - \frac{6}{5} =$$

$$\frac{680}{30} - \frac{350}{30} + \frac{36}{30} - \frac{105}{30} - \frac{36}{30} = \frac{225}{30} = 7\frac{1}{\underline{2}} \; ;$$

zu ❼

$$(8\frac{1}{2} + 2\frac{1}{3}) \cdot 9\frac{3}{13} - (4\frac{1}{4} - 3\frac{2}{5}) : 3\frac{2}{5} - 15 : \frac{3}{5} =$$

$$(\frac{17}{2} + \frac{7}{3}) \cdot \frac{120}{13} - (\frac{17}{4} - \frac{17}{5}) : \frac{17}{5} - 15 \cdot \frac{5}{3} =$$

$$(\frac{51}{6} + \frac{14}{6}) \cdot \frac{120}{13} - (\frac{85}{20} - \frac{68}{20}) \cdot \frac{5}{17} - \frac{75}{3} =$$

$$\frac{65}{6} \cdot \frac{120}{13} - \frac{17}{20} \cdot \frac{5}{17} - \frac{75}{3} =$$

$$100 - \frac{1}{4} - 25 = 74\frac{3}{\underline{4}} \; ;$$

zu ❽

$$(5\frac{1}{4} - 2) : 6\frac{1}{2} + \frac{1}{7} + (\frac{29}{34} \cdot 3\frac{7}{9}) - 3\frac{23}{63} =$$

$$(\frac{21}{4} - \frac{8}{4}) : \frac{13}{2} + \frac{1}{7} + (\frac{29}{34} \cdot \frac{34}{9}) - \frac{212}{63} =$$

$$\frac{13}{4} \cdot \frac{2}{13} + \frac{1}{7} + \frac{29}{9} - \frac{212}{63} =$$

$$\frac{1}{2} + \frac{1}{7} + \frac{29}{9} - \frac{212}{63} =$$

$$\frac{63}{126} + \frac{18}{126} + \frac{406}{126} - \frac{424}{126} = \frac{63}{126} = \frac{1}{\underline{2}} \; ;$$

Brüche: Harte Nüsse (Lösungen 3)

zu ❾

$$\left(12\frac{1}{3} : 3\frac{7}{10}\right) \cdot 3\frac{3}{8} + \left(2\frac{7}{12} + 1\frac{3}{18}\right) - 2\frac{3}{4} \cdot 1\frac{9}{11} =$$

$$\left(\frac{37}{3} : \frac{37}{10}\right) \cdot \frac{27}{8} + \left(\frac{31}{12} + \frac{21}{18}\right) - \frac{11}{4} \cdot \frac{20}{11} =$$

$$\frac{37}{3} \cdot \frac{10}{37} \cdot \frac{27}{8} + \frac{31}{12} + \frac{7}{6} - \frac{5}{1} = \frac{10}{3} \cdot \frac{27}{8} + \frac{31}{12} + \frac{14}{12} - \frac{60}{12} =$$

$$\frac{5}{1} \cdot \frac{9}{4} + \frac{31}{12} + \frac{14}{12} - \frac{60}{12} = \frac{45}{4} - \frac{15}{12} = \frac{135}{12} - \frac{15}{12} = \frac{120}{12} = \underline{10};$$

zu ❿

$$\left(9 - 1\frac{3}{4}\right) : 7\frac{1}{4} + \left(4\frac{1}{2} + 2\frac{3}{4}\right) \cdot \frac{16}{29} - 7\frac{1}{2} : 5 =$$

$$\left(\frac{36}{4} - \frac{7}{4}\right) : \frac{29}{4} + \left(\frac{9}{2} + \frac{11}{4}\right) \cdot \frac{16}{29} - \frac{15}{2} : \frac{5}{1} =$$

$$\frac{29}{4} \cdot \frac{4}{29} + \left(\frac{18}{4} + \frac{11}{4}\right) \cdot \frac{16}{29} - \frac{15}{2} \cdot \frac{1}{5} =$$

$$1 + \frac{29}{4} \cdot \frac{16}{29} - \frac{3}{2} = 1 + 4 - \frac{3}{2} = 5 - 1\frac{1}{2} = 3\frac{1}{2};$$

Für schnelle Rechner:

zu ①

$$\left(2\frac{1}{4} + 3\frac{5}{6} + 4\frac{1}{12}\right) : \left(3\frac{5}{6} - 2\frac{4}{9}\right) - 5\frac{8}{25} =$$

$$\left(\frac{9}{4} + \frac{23}{6} + \frac{49}{12}\right) : \left(\frac{23}{6} - \frac{22}{9}\right) - \frac{133}{25} =$$

$$\left(\frac{27}{12} + \frac{46}{12} + \frac{49}{12}\right) : \left(\frac{69}{18} - \frac{44}{18}\right) - \frac{133}{25} =$$

$$\frac{122}{12} : \frac{25}{18} - \frac{133}{25} = \frac{122}{12} \cdot \frac{18}{25} - \frac{133}{25} = \frac{183}{25} - \frac{133}{25} = \frac{50}{25} = \underline{2};$$

zu ②

$$\left(4\frac{1}{2} + 1\frac{3}{4} - 2\frac{2}{3}\right) : \frac{1}{18} + \left(5\frac{5}{12} + 4\frac{3}{8}\right) : \left(5\frac{5}{12} - 4\frac{3}{8}\right) =$$

$$\left(\frac{9}{2} + \frac{7}{4} - \frac{8}{3}\right) : \frac{1}{18} + \left(\frac{65}{12} + \frac{35}{8}\right) : \left(\frac{65}{12} - \frac{35}{8}\right) =$$

$$\left(\frac{54}{12} + \frac{21}{12} - \frac{32}{12}\right) : \frac{1}{18} + \left(\frac{130}{24} + \frac{105}{24}\right) : \left(\frac{130}{24} - \frac{105}{24}\right) =$$

$$\frac{43}{12} \cdot \frac{18}{1} + \frac{235}{24} : \frac{25}{24} = \frac{129}{2} + \frac{235}{24} \cdot \frac{24}{25} =$$

$$\frac{129}{2} + \frac{47}{5} = \frac{645}{10} + \frac{94}{10} = \frac{739}{10} = 73\frac{9}{10};$$

MAT

Übungsaufgaben: Bruchrechnen mit Textaufgaben

Finde die dargestellten Bruchteile (schwarz) heraus!

 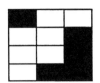

_____ _____ _____ _____

❶ $2\dfrac{2}{3} + 4\dfrac{5}{6} =$ $4\dfrac{3}{5} + 9\dfrac{7}{12} =$

$12\dfrac{3}{8} - 7\dfrac{1}{2} =$ $7\dfrac{5}{8} - 6\dfrac{5}{6} =$

❷ Achte auch auf die Benennung!

$\dfrac{6}{7}$ von $\dfrac{2}{5}$ dm $=$ $5\dfrac{1}{2}$ m^2 : $\dfrac{3}{8}$ m^2 $=$

$\dfrac{3}{4}$ von $\dfrac{7}{5}$ dm^2 $=$ $\dfrac{5}{12}$ dm^2 : $\dfrac{1}{4}$ dm $=$

❸ a) Vaters Schnapsflasche, sie fasst $\frac{7}{10}$ l, ist schon halb leer. Wie viele Schnapsgläschen kann er damit noch füllen? 1 Schnapsgläschen fasst 40 ml $= \frac{4}{100}$ l.

b) In einer Wirtschaft wird von derselben Marke das Glächen zu 1,70 € verkauft. Wie viel nimmt der Wirt für 1 Flasche ein?

❹ Herr Wolf glaubt, dass sein Wohnzimmer 24 m^2 hat. Beim Nachmessen stellt er für eine Seite fest: $4\frac{8}{10}$ m. Wie lang ist die andere Seite?
Rechne mit Brüchen!

❺ a) Von einer Zuckerrübenlieferung ist $\frac{1}{20}$ Schmutz. Von den sauberen Rüben erhält man $\frac{3}{5}$ der Menge an Zuckersaft und schließlich bleibt davon nur noch $\frac{1}{3}$ an Zucker übrig. Welchen Bruchteil der angelieferten Menge erhält man als reinen Zucker?

b) Bauer Huber rechnet mit 380 Ztr. Ernte. Errechne den Erdeverlust seines Ackers und die zu erwartende Zuckermenge!

❻
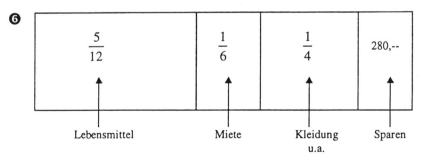

$\dfrac{5}{12}$	$\dfrac{1}{6}$	$\dfrac{1}{4}$	280,--
Lebensmittel	Miete	Kleidung u.a.	Sparen

Diese Situationsskizze zeigt die Verteilung des Einkommens von Herrn Nagel.
Wie viel beträgt sein Einkommen in € , welchen Anteil kann er sparen?

Übungsaufgaben: Bruchrechnungen (Lösungen)

$\dfrac{4}{9}$	$\dfrac{5}{12}$	$\dfrac{3}{6} = \dfrac{1}{2}$	$\dfrac{7}{12}$	$\dfrac{1}{4}$	$\dfrac{5}{8}$

zu ❶ $2\dfrac{2}{3} + 4\dfrac{5}{6} = \mathbf{7\dfrac{1}{2}}$; $4\dfrac{3}{5} + 9\dfrac{7}{12} = \mathbf{14\dfrac{11}{60}}$;

$12\dfrac{3}{8} - 7\dfrac{1}{2} = \mathbf{4\dfrac{7}{8}}$; $7\dfrac{5}{8} - 6\dfrac{5}{6} = \mathbf{\dfrac{19}{24}}$;

zu ❷ Achte auch auf die Benennung!

$\dfrac{6}{7}$ von $\dfrac{2}{5}$ dm = $\mathbf{\dfrac{12}{35}}$ [dm] ; $5\dfrac{1}{2}$ m² : $\dfrac{3}{8}$ m² = $\mathbf{14\dfrac{2}{3}}$ [m²] ;

$\dfrac{3}{4}$ von $\dfrac{7}{5}$ dm² = $\mathbf{1\dfrac{1}{20}}$ [dm²] ; $\dfrac{5}{12}$ dm² : $\dfrac{1}{4}$ dm = $\mathbf{1\dfrac{2}{3}}$ [dm] ;

zu ❸ a) $\dfrac{7}{10} : 2 = \dfrac{7}{20}$ [l]; $\dfrac{7}{20} : \dfrac{4}{100} = \dfrac{7}{20} \cdot \dfrac{100}{4} = \dfrac{35}{4} = \underline{8\dfrac{3}{4}}$ [Gläschen] ;

   Er kann noch 8 Gläschen füllen.

   b) $8\dfrac{3}{4} \cdot 2 = 17\dfrac{1}{2}$ [Gläschen]

   $17 \cdot 1{,}70 = \underline{28{,}90 \text{ [€]}}$;   oder $8\dfrac{3}{4} \cdot 2 \cdot 1{,}7 = \underline{29{,}75 \text{ [€]}}$;

zu ❹ $A = a \cdot b$

   $a = \dfrac{A}{b} = 24 : 4\dfrac{8}{10} = 24 : \dfrac{48}{10} = 24 \cdot \dfrac{10}{48} = \underline{5 \text{ [m]}}$;

zu ❺ a)

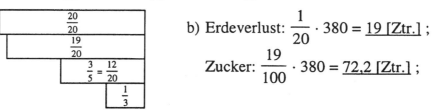

   $\dfrac{19}{20} \cdot \dfrac{3}{5} \cdot \dfrac{1}{3} = \dfrac{19}{100}$;

   b) Erdeverlust: $\dfrac{1}{20} \cdot 380 = \underline{19 \text{ [Ztr.]}}$;

   Zucker: $\dfrac{19}{100} \cdot 380 = \underline{72{,}2 \text{ [Ztr.]}}$;

zu ❻ a) $\dfrac{5}{12} + \dfrac{1}{6} + \dfrac{1}{4} + 280 = \dfrac{1}{1}$;   b) $100\ \% = 1680$ €

   $\dfrac{5}{12} + \dfrac{2}{12} + \dfrac{3}{12} + 280 = \dfrac{12}{12}$; $1\ \% = 16{,}80$

   $\dfrac{10}{12} + 280 = \dfrac{12}{12}$; $?\ \% = 280$ €

   $280 = \dfrac{2}{12}$; $/ - \dfrac{10}{12}$ $= 280 : 16{,}80$

                        $= 16{,}\overline{6}\ [\%] = \underline{16\dfrac{2}{3}\ [\%]}$;

   $\underline{1680 \text{ [€]}} = \dfrac{12}{12}$; $/ \cdot 6$

THEMA

Wir rechnen mit Dezimalbrüchen

LERNZIELE

- Zwischen Brüchen und Dezimalbrüchen unterscheiden können
- Mit der Stellentafel arbeiten können
- Grundrechenarten bei Dezimalbrüchen beherrschen

ARBEITSMITTEL/MEDIEN/LITERATURHINWEISE

- Arbeitsblätter
- Folien
- Preisschilder/Werbeseiten aus Zeitungen
- Regeln S. 33 aus: Bausteine der Mathematik, 7. Jahrgangsstufe. © Oldenbourg/Schroedel; München/Hannover 1978
- Aufgaben S. 38 aus: Schmitt/Wohlfarth: Mathematik 8. © Bayerischer Schulbuch-Verlag, München 1987, S. 17
- Aufgaben S. 41 aus: B. Meierhöfer: Mathematik in der Hauptschule für die 9. Klasse. © Verlag E.C. Baumann KG, Kulmbach

TAFELBILD/FOLIEN

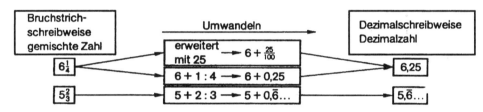

Multiplikation

Wir multiplizieren Dezimalbrüche miteinander, indem wir sie zunächst ohne Komma nach dem Normalverfahren multiplizieren, aber dann im Produktwert so viele Kommastellen wieder setzen, wie beide Dezimalbrüche zusammen besaßen.

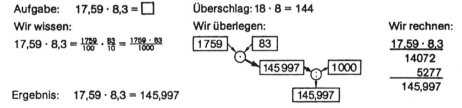

Division

Wir dividieren durch einen Dezimalbruch, indem wir beim Dividenden und beim Divisor das Komma so lange um gleich viele Dezimalstellen nach rechts verschieben, bis der Divisor ganzzahlig ist. Dann dividieren wir nach dem Normalverfahren.

$$
\begin{array}{r}
\overset{\text{Ez}}{14599{,}7} : \overset{\text{Ez}}{1759} = 8{,}3 \\
\underline{14072} \\
527\,7 \\
\underline{527\,7}
\end{array}
$$

Rechnung:

Aufgabe: 145,997 : 17,59 = ☐

Überschlag: 146 : 18 ≈ 8

Stundenbild

I. Hinführung

Stummer Impuls   TLP

Aussprache mit   TA   Dezimalbrüche

L: Welche Zahlenarten kennst du noch?

Aussprache
(u.U. mit TA)   Natürliche Zahlen
Bruchzahlen (echte/unechte Brüche)
Gemischte Zahlen
L: Wir wiederholen das Rechnen mit Dezimalbrüchen.

Zielangabe   TA | **Wir rechnen mit Dezimalbrüchen** |
|---|

II. Erarbeitung

Klären des Begriffes
"Dezimal"   L: lat. decem = zehn → Zahlen nach dem Komma in "Zehner-Schritten"

TLP
oder TA   Stellentafel

Aussprache

Eintrag von
Zahlen, z.B.   TA

Dezimalbrüche								
natürliche Zahlen				Dezimalstellen				
...	T	H	Z	E	z	h	t	zt	...
...	$\cdot 1\,000$	$\cdot 100$	$\cdot 10$	$\cdot 1$	$\cdot \frac{1}{10}$	$\cdot \frac{1}{100}$	$\cdot \frac{1}{1000}$	$\cdot \frac{1}{10000}$	...
				2	2	3	4	
				0	5	2	6	1

Stellentafel
ins Heft
L diktiert Zahlen

4	2	1	4	5,	0	7	8	9	2
ZT	T	H	Z	E,	z	h	t	zt	ht

1. Teilziel: **Darstellung in Bruchstrich- oder in Dezimalschreibweise**

Aussprache mit   TLP

$$22{,}34 = 2 \cdot 10 + 2 \cdot 1 + 3 \cdot \tfrac{1}{10} + 4 \cdot \tfrac{1}{100}$$

$$0{,}5261 = 0{,}1 + 5 \cdot \tfrac{1}{10} + 2 \cdot \tfrac{1}{100} + 6 \cdot \tfrac{1}{1000} + 1 \cdot \tfrac{1}{10000}$$

Mit Hilfe der Stellenschreibweise lassen sich Zehnerbrüche als Dezimalbrüche schreiben.

Umwandlung von Bruchstrich- in Dezimalschreibweise		Neben-rechnungen
durch Erweitern	Bsp.: $\frac{1}{4} = \frac{25}{100} = 0{,}25$	$\frac{1 \cdot 25}{4 \cdot 25} = \frac{25}{100}$
durch Kürzen	Bsp.: $\frac{35}{100} = \frac{7}{100} = 0{,}07$	$\frac{35 : 5}{500 : 5} = \frac{7}{100}$
durch Division	Bsp.: $\frac{2}{3} = 0{,}66..$	$20 : 3 = 0{,}66..$ $\frac{20}{\underline{}}$ 20

Eintrag   Heft

2. Teilziel:
Erarbeitung der
Regeln im Gespräch

Zsf.   TA
       (sh. Tafel-
       bild)

Zsf.   AB 1

Erarbeitung
a) in GA
b) im UG

III. Sicherung/Vertiefung

Grundrechenarten bei Dezimalbrüchen

Übungsaufgaben

4/5/6/7
1/2/3/8

L: Vergleiche die verschiedenen Darstellungsweisen der Terme!

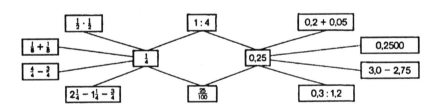

AB 2 (mit Übungsaufgaben: Brüche und Dezimalbrüche
Lösungen:
2 Bl.)

AB 3 (mit Übungsaufgaben: Bruch- und Dezimalrechnungen
Lösung:
1 Bl.)

AB 4 (mit Lernzielkontrolle: Bruch- und Dezimalrechnungen
Lösung:
1 Bl.)

MAT

Wir rechnen mit Dezimalbrüchen

❶ Addition und Subtraktion von Dezimalbrüchen

```
    13,000
     8,170
  +  4,057
  ─────────
    25,227
```

1. _____
2. _____
3. _____
4. _____

❷ Multiplikation von Dezimalbrüchen

Stellen   Stellen

0,128   ·   0,12

_____

Stellen

1. _____
2. _____

_____
_____

❸ Division von Dezimalbrüchen

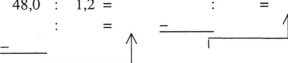

```
48   :  1,2  =           2,875 : 1,15 =
48,0 :  1,2  =               :      =
     :       =
```

1. _____
_____
_____
_____

2. _____
_____

❹ Verwandle folgende Brüche in Dezimalbrüche!

$\dfrac{7}{10}$ $\dfrac{35}{100}$ $\dfrac{854}{1000}$ $\dfrac{3}{20}$ $\dfrac{18}{40}$ $\dfrac{7}{50}$ $\dfrac{3}{5}$ $\dfrac{3}{4}$ $\dfrac{105}{200}$

❺ Verwandle die Dezimalbrüche in gewöhnliche Brüche!

0,4   0,44   0,444   0,63   0,063   0,063   0,8   0,800   0,0071

❻ Verwandle folgende gemischte Zahlen in Dezimalbrüche!

$8\dfrac{7}{10}$ $9\dfrac{16}{100}$ $6\dfrac{123}{1000}$ $9\dfrac{9}{20}$ $2\dfrac{4}{5}$ $12\dfrac{123}{125}$

❼ Zerlege die Dezimalbrüche in Ganze, Zehntel, Hundertstel, Tausendstel!

8,75   9,381   7,05   13,068   6,006   1,010101   55,5555

❽ Schreibe als Dezimalbrüche!

in kg: 3 kg 18 g   _____

2105 g   _____

$1\dfrac{1}{4}$ kg   _____

$\dfrac{1}{4}$ Pfd.   _____

2 kg 600 g   _____

12 kg 54 g   + _____

Zähle zusammen!   _____

Wir rechnen mit Dezimalbrüchen (Lösungen)

zu ❶ Addition und Subtraktion von Dezimalbrüchen

```
  13,000
   8,170
+  4,057
   1 1
  25,227
```

1. **Komma unter Komma schreiben!**
2. **Fehlende Endnullen ergänzen!**
3. **Ganze Zahlen in Dezimalzahlen umwandeln!**
4. **Rechne wie mit ganzen Zahlen!**

zu ❷ Multiplikation von Dezimalbrüchen

3 Stellen	2 Stellen
↓	↓

```
0,128  ·  0,12
          128
          256
       0,01536
          ↑
       5 Stellen
```

1. **Multipliziere wie mit ganzen Zahlen!**
2. **Im Ergebnis so viele Stellen von rechts abstreichen, wie beide Dezimalbrüche zusammen nach dem Komma haben!**

zu ❸ Division von Dezimalbrüchen

```
48   : 1,2 =          2,875 : 1,15 =
48,0 : 1,2 =          287,5 : 1 15 = 2,5
48 0 : 1 2 = 40       − 230
−48                     57,5
 − −0                  − 57 5
                        − − −
```

1. **Komma um gleich viele Stellen nach rechts schieben, bis der Teiler eine ganze Zahl wird!**
2. **Komma beim Überschreiten im Ergebnis setzen!**

zu ❹ Verwandle folgende Brüche in Dezimalbrüche!

0,7;   0,35;   0,854;   0,15;   0,45;   0,14;   0,6;   0,75;   0,525;

zu ❺ Verwandle die Dezimalbrüche in gewöhnliche Brüche!

$$\frac{2}{5};\quad \frac{11}{25};\quad \frac{111}{250};\quad \frac{63}{100};\quad \frac{63}{1000};\quad \frac{4}{5};\quad \frac{4}{5};\quad \frac{71}{10\,000};$$

zu ❻ Verwandle folgende gemischte Zahlen in Dezimalbrüche!

8,7;   9,16;   6,123;   9,45;   2,8;   12,984;

zu ❼ Zerlege die Dezimalbrüche in Ganze, Zehntel, Hundertstel, Tausendstel!

z.B. $8 \;\Big|\; \dfrac{7}{10} \;\Big|\; \dfrac{5}{100}$; etc.

zu ❽ Schreibe als Dezimalbrüche!

in kg:		
	3 kg 18 g	**3,018 kg**
	2105 g	**2,105 kg**
	$1\frac{1}{4}$ kg	**1,250 kg**
	$\frac{1}{4}$ Pfd.	**0,125 kg**
	2 kg 600 g	**2,600 kg**
	12 kg 54 g	± **12,054 kg**
Zähle zusammen!		**21,152 kg**

MAT

Übungsaufgaben: Brüche und Dezimalbrüche

❶ **Übertrage die Figuren in dein Heft und bestimme die Bruchteile!**

❷ **Zeichne einen Zahlenstrahl mit der Einheit 12 cm und trage folgende Brüche ein:**

$$\frac{1}{2} \; ; \; \frac{1}{6} \; ; \; \frac{2}{3} \; ; \; \frac{5}{12} \; ; \; \frac{7}{24} \; ; \; \frac{3}{4} \; ; \; \frac{5}{6} \; .$$

❸ **Gib die gekennzeichneten Zahlen als Bruch und Dezimalbruch an!**

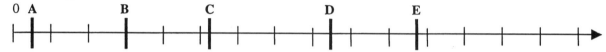

❹ **Löse folgende Aufgaben zeichnerisch:**

a) Auf einem Zahlenstrahl liegt der Punkt $\frac{2}{3}$ vom Nullpunkt 6 cm entfernt. Wie groß ist der Abstand der beiden Punkte $\frac{2}{3}$ und $\frac{5}{6}$?

b) Auf einem Zahlenstrahl beträgt der Abstand der beiden Punkte $\frac{1}{4}$ und $\frac{1}{3}$ nur 5 mm. Wie groß ist der Abstand der beiden Punkte $\frac{3}{4}$ und $\frac{11}{12}$?

c) Auf einer Zahlengerade ist der Punkt 0,6 vom Nullpunkt 4,2 dm entfernt. Wie groß ist der Abstand der beiden Punkte 0,25 und 0,4?

d) Auf einem Zahlenstrahl ist der Punkt 0,35 vom Nullpunkt 70 mm entfernt. Wie groß ist der Abstand zwischen dem Nullpunkt und Punkt 0,05?

❺ **Erweitere bzw. kürze jeweils auf den angegebenen Nenner!**

a) Nenner 60: $\dfrac{2}{3} \; ; \; \dfrac{7}{12} \; ; \; \dfrac{28}{240} \; ; \; \dfrac{20}{150} \; ; \; \dfrac{9}{30} \; ; \; \dfrac{6}{360} \; ; \; \dfrac{8}{24} \; ; \; \dfrac{35}{50} \; ; \; \dfrac{27}{45} \; ; \; \dfrac{5}{100}$

b) Nenner 24: $\dfrac{1}{4} \; ; \; \dfrac{5}{8} \; ; \; \dfrac{7}{12} \; ; \; \dfrac{10}{48} \; ; \; \dfrac{35}{120} \; ; \; \dfrac{15}{36} \; ; \; \dfrac{21}{56} \; ; \; \dfrac{50}{75} \; ; \; \dfrac{75}{100} \; ; \; \dfrac{125}{100}$

❻ **Schreibe folgende Brüche in Dezimalschreibweise:**

a) $\dfrac{4}{5} \; ; \; \dfrac{9}{10} \; ; \; \dfrac{5}{4} \; ; \; \dfrac{3}{8} \; ; \; \dfrac{21}{20} \; ; \; \dfrac{53}{25}$

b) $\dfrac{2}{3} \; ; \; \dfrac{7}{6} \; ; \; \dfrac{11}{12} \; ; \; \dfrac{4}{15} \; ; \; \dfrac{23}{9} \; ; \; \dfrac{12}{11}$

❼ **Schreibe folgende Dezimalbrüche als Brüche bzw. gemischte Zahlen! Kürze!**

a) 0,2 ; 0,75 ; 1,3 ; 1,05 , 0,3 ; 2,12   b) 1,6 ; 1,06 ; 0,15 ; 0,01 ; 0,6 ; 1,048

❽ **Ordne folgende Zahlen der Größe nach. Wandle sie dazu geeignet um!**

a) $\dfrac{13}{50} \; ; \; 0{,}25 \; ; \; \dfrac{8}{25}$ b) $\dfrac{7}{12} \; ; \; \dfrac{12}{45} \; ; \; 0{,}55$ c) $1\dfrac{5}{8} \; ; \; \dfrac{82}{50} \; ; \; 1{,}62$ d) $2{,}45 ; \; 2\dfrac{33}{75} \; ; \; 2{,}405$

❾ a) Das Schaubild zeigt die Notenverteilung einer Mathematikprobearbeit einer 8. Klasse. Gib die Notenverteilung in Bruchteilen an! Kürze !

b) Zeichne zu folgender Notenverteilung ein Schaubild :

Note 1: $\dfrac{1}{10}$; Note 2: $\dfrac{1}{5}$; Note 3: $\dfrac{1}{3}$; Note 4: $\dfrac{1}{6}$; Note 5: $\dfrac{2}{15}$; Note 6: $\dfrac{1}{15}$

Übungsaufgaben: Brüche und Dezimalbrüche (Lösungen)

zu ❶　a) $\dfrac{4}{10} = \dfrac{2}{5}$;　　b) $\dfrac{4}{10} = \dfrac{2}{5}$;　　c) $\dfrac{1}{16}$;　　d) $\dfrac{2}{7}$;　　e) $\dfrac{1\frac{1}{2}}{15} = \dfrac{3}{30} = \dfrac{1}{10}$;

zu ❷　Einheit: Hauptnenner = $\dfrac{}{12}$;

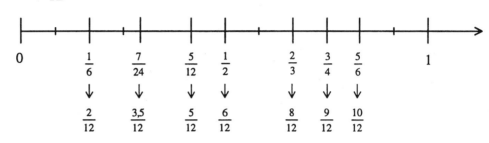

zu ❸　A: $0,05 = \dfrac{1}{20}$;　　　　B: $0,3 = \dfrac{3}{10}$;　　　　C: $0,525 = \dfrac{525}{1000} = \dfrac{21}{40}$;

　　　D: $0,85 = \dfrac{85}{100} = \dfrac{17}{20}$;　　E: $1,075 = 1\dfrac{75}{1000} = 1\dfrac{3}{40}$;

zu ❹　a)

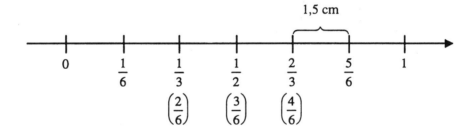

b)

c) Maßstab:
　　1 : 10

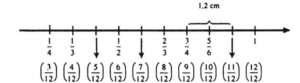

d)

zu ❺　a) Nenner 60: $\dfrac{40}{60}$; $\dfrac{35}{60}$; $\dfrac{7}{60}$; $\dfrac{8}{60}$; $\dfrac{18}{60}$; $\dfrac{1}{60}$; $\dfrac{20}{60}$; $\dfrac{42}{60}$; $\dfrac{36}{60}$; $\dfrac{3}{60}$

　　　b) Nenner 24: $\dfrac{6}{24}$; $\dfrac{15}{24}$; $\dfrac{14}{24}$; $\dfrac{5}{24}$; $\dfrac{7}{24}$; $\dfrac{10}{24}$; $\dfrac{9}{24}$; $\dfrac{16}{24}$; $\dfrac{18}{24}$; $\dfrac{3}{24}$

Übungsaufgaben: Brüche und Dezimalbrüche (Lösungen)

zu ❻   a) $0{,}8$; $0{,}9$; $1{,}25$; $0{,}375$; $1{,}05$; $2{,}12$;

     b) $0{,}\overline{6}$; $1{,}1\overline{6}$; $0{,}91\overline{6}$; $0{,}2\overline{6}$; $2{,}\overline{5}$; $1{,}\overline{09}$;

zu ❼   a) $\dfrac{2}{10} = \dfrac{1}{5}$; $\dfrac{75}{100} = \dfrac{3}{4}$; $1\dfrac{3}{10}$; $1\dfrac{1}{20}$; $\dfrac{3}{10}$; $2\dfrac{3}{25}$;

     b) $1\dfrac{3}{5}$; $1\dfrac{3}{50}$; $\dfrac{3}{20}$; $\dfrac{1}{100}$; $\dfrac{3}{5}$; $1\dfrac{6}{125}$;

zu ❽   a) $\dfrac{13}{50}$ / $\dfrac{25}{100}$ / $\dfrac{8}{100} = \dfrac{26}{100}$ / $\dfrac{25}{100}$ / $\dfrac{32}{100} = \dfrac{25}{100} < \dfrac{26}{100} < \dfrac{32}{100} =$

        $\underline{0{,}25 < \dfrac{13}{50} < \dfrac{8}{25}}$;

     b) $\dfrac{7}{12}$ / $\dfrac{12}{45}$ / $\dfrac{55}{100} = \dfrac{315}{540}$ / $\dfrac{144}{540}$ / $\dfrac{297}{540} = \dfrac{144}{540} < \dfrac{297}{540} < \dfrac{315}{540} =$

        $\underline{\dfrac{12}{45} < \dfrac{55}{100} < \dfrac{7}{12}}$;

     c) $1{,}625$ / $1{,}64$ / $1{,}62 = 1{,}62 < 1{,}625 < 1{,}64 = \underline{1{,}62 < 1\dfrac{5}{8} < \dfrac{82}{50}}$;

     d) $2{,}45$ / $2{,}44$ / $2{,}405 = 2{,}405 < 2{,}44 < 2{,}45 = \underline{2{,}405 < 2\dfrac{33}{75} < 2{,}45}$;

zu ❾   a)   24 Noten

        $1 : \dfrac{2}{24} = \dfrac{1}{12}$; $2 : \dfrac{5}{24}$; $3 : \dfrac{6}{24} = \dfrac{1}{4}$;

        $4 : \dfrac{7{,}5}{24} = \dfrac{15}{48} = \dfrac{5}{16}$; $5 : \dfrac{2{,}5}{24} = \dfrac{51}{48}$; $6 : \dfrac{1}{24}$;

     b)   HN: $\dfrac{}{30}$; → 15 cm, unterteilt in 0,5 cm-Abschnitte;

1	2	3	4	5	6

        $1 : \dfrac{1}{10} = \dfrac{3}{30} = 3$; $2 : \dfrac{1}{5} = \dfrac{6}{30} = 6$; $3 : \dfrac{1}{3} = \dfrac{10}{30} = 10$;

        $4 : \dfrac{1}{6} = \dfrac{5}{30} = 5$; $5 : \dfrac{2}{15} = \dfrac{4}{30} = 4$; $6 : \dfrac{1}{15} = \dfrac{2}{30} = 2$;

MAT		

Übungsaufgaben: Bruch- und Dezimalrechnungen

❶ Rechne mit den vier Grundrechenarten!

a) $0,5 + \dfrac{1}{4}$　　　　　f) $2,125 - \dfrac{7}{8}$　　　　　l) $2\dfrac{1}{2} \cdot 3,7$

b) $\dfrac{3}{4} - 0,25$　　　　　g) $1,5 \cdot \dfrac{2}{3}$　　　　　m) $4\dfrac{4}{5} : 1,2$

c) $\dfrac{1}{4} : 1,5$　　　　　h) $2,4 : \dfrac{3}{5}$　　　　　n) $(\dfrac{3}{8} + 0,025) : 4$

d) $\dfrac{1}{8} \cdot 12$　　　　　i) $3\dfrac{5}{8} + 1,375$　　　　　o) $(5\dfrac{3}{4} - 1,5) \cdot \dfrac{6}{5}$

e) $\dfrac{3}{5} + 6,4$　　　　　k) $5\dfrac{7}{10} - 3,45$　　　　　p) $2,80 \cdot 285 + 3\dfrac{4}{5} \cdot 31,2$

❷ Bilde die Summe aus 7,2 und 2,8. Multipliziere die erhaltene Zahl mit 3 und berechne ein Viertel davon.

❸ Die Differenz der Zahlen $9\dfrac{3}{4}$ und 4,5 soll durch 0,25 geteilt und schließlich verdoppelt werden. Wie heißt die erhaltene Zahl?

❹ Ein Viertel der Summe aus $6\dfrac{5}{8}$ und 9,375 soll von der Zahl 5 abgezogen werden. Wie lautet das Ergebnis?

❺ Addiere das Produkt aus 6,25 und $\dfrac{1}{4}$ zum Quotienten der Zahlen 6,25 und $\dfrac{1}{4}$. Zähle zu diesem Ergebnis die Summe aus $6\dfrac{1}{4}$ und 0,25 hinzu und addiere anschließend die Differenz der Zahlen $6\dfrac{1}{4}$ und 0,25.

❻ Mit einem Pkw wurden im Jahr 40 000 km gefahren. Vater fuhr die Hälfte der Strecke, Mutter $\dfrac{3}{8}$ und die Tochter den 0,125fachen Teil. Berechne die jeweilige Fahrleistung im Jahr!

❼ In einem Handwerksbetrieb wurden an einem Tag 450 Gebühreneinheiten vertelefoniert. Ein Drittel der Telefonate wurden mit Lieferanten geführt, $\dfrac{2}{5}$ entfielen auf Kundengespräche, und der 0,26fache Teil betraf die Belegschaft. Berechne die Anzahl der Gebüreneinheiten für Privatgespräche.

❽ Beim Sportfest wurden verschiedene Leistungen erzielt. Die durchschnittliche Punktzahl belief sich auf 2 000. Wie viel Punkte erreichten diese Schüler?
A: 1,5 mal so viel; B: $\dfrac{4}{5}$ davon; C: $1\dfrac{2}{5}$ davon; D: 0,9 davon und E: $1\dfrac{5}{8}$ mal so viel.

❾ Ein Spülmittel wird zu verschiedenen Angebotspreisen verkauft: 3,52 – 3,49 – 2,98 – 3,31 – 3,20 €. Berechne den Durchschnittspreis!

❿ Familie Schulz zahlt monatlich 435,00 € Miete. Das ist ein Siebtel des Monatseinkommens. $\dfrac{1}{12}$ davon wird gespart und $\dfrac{2}{5}$ müssen für Lebensmittel ausgegeben werden. Berechne den Restbetrag!

Für schnelle Rechner:

In Großbetrieben finden wir Beschäftigte mit verschiedensten Bruttoeinkommen. A: 2 400 € pro Monat; B: $3\dfrac{1}{4}$ mal so viel wie A; C: den 1,625ten Teil von B; D: $\dfrac{1}{12}$ von C; E: 7,8 mal so viel wie D; F: ein Viertel von B und C zusammen. Stelle das jeweilige Einkommen fest.

Übungsaufgaben: Bruch- und Dezimalrechnungen (Lösungen)

zu ❶ a) 0,75 ;   f) 1,25 ;   l) 9,25 ;

         b) 0,5 ;   g) $\dfrac{3}{2} \cdot \dfrac{2}{3} = 1$;   m) 4 ;

         c) $\dfrac{1}{4} : \dfrac{3}{2} = \dfrac{1}{4} \cdot \dfrac{2}{3} = \dfrac{1}{\underline{6}}$;   h) 4 ;   n) $0,4 : 4 = \underline{0,1}$;

         d) 1,5   j) 5   o) $4,25 \cdot 1,2 = \underline{5,1}$;

         e) 7   k) 2,25   p) $798 + 118,56 = \underline{916,56}$;

zu ❷ $(7,2 + 2,8) \cdot 3 : 4 = 10 \cdot 3 : 4 = \underline{7,5}$;

zu ❸ $(9\dfrac{3}{4} - 4,5) : 0,25 \cdot 2 = 5,25 : 0,25 \cdot 2 = \underline{42}$;

zu ❹ $5 - (6\dfrac{5}{8} + 9,375) : 4 = 5 - 16 : 4 = \underline{1}$;

zu ❺ $(6,25 \cdot \dfrac{1}{4} + 6,25 : \dfrac{1}{4}) + (6\dfrac{1}{4} + 0,25) + (6\dfrac{1}{4} - 0,25) = (1,5625 + 25) + 6,5 + 6 = \underline{39,0625}$;

zu ❻ Vater: $40\,000 \cdot \dfrac{1}{2} = \underline{20\,000}$ [km] ;

       Mutter: $40\,000 \cdot \dfrac{3}{8} = \underline{15\,000}$ [km] ;

       Tochter: $40\,000 \cdot 0,125 = \underline{5\,000}$ [km] ;

zu ❼ L: $450 \cdot \dfrac{1}{3} = \underline{150}$ [GE] ;   K: $450 \cdot \dfrac{2}{5} = \underline{180}$ [GE] ;   B: $450 \cdot 0,26 = \underline{117}$ [GE] ;

       $450 - 150 - 180 - 117 = \underline{3}$ [GE] ;

zu ❽ A: $2000 \cdot 1,5 = \underline{3000}$ [P.] ;   B: $2000 \cdot \dfrac{4}{5} = \underline{1600}$ [P.] ;   C: $2000 \cdot 1\dfrac{2}{5} = \underline{2800}$ [P.] ;

       D: $2000 \cdot 0,9 = \underline{1800}$ [P.] ;   E: $2000 \cdot 1\dfrac{5}{8} = \underline{3250}$ [P.] ;

zu ❾ $3,52 + 3,49 + 2,98 + 3,31 + 3,20 = \underline{16,50}$ [€] ; $16,5 : 5 = \underline{3,3}$ [€] ;

zu ❿ $435 \cdot 7 = \underline{3045}$ [€] ;

       $3045 \cdot \dfrac{1}{12} = \underline{253,75}$ [€] (Sparen) ; $3045 \cdot \dfrac{2}{5} = \underline{1218}$ [€] (Essen) ;

       $3045 - (435 + 253,75 + 1218) = 3045 - 1906,75 = \underline{1138,25}$ [€] (Restbetrag) ;

Für schnelle Rechner:

A: $\underline{2400}$ € ;   D: $4800 : 12 = \underline{400}$ [€] ;

B: $2400 \cdot 3\dfrac{1}{4} = \underline{7800}$ € ;   E: $400 \cdot \dfrac{7}{8} = \underline{3120}$ [€] ;

C: $7800 : 1,625 = \underline{4800}$ [€] ;   F: $(7800 + 4800) : 4 = \underline{3150}$ [€] ;

THEMA

Wir stellen Vergleichsbrüche her

LERNZIELE

- Anteile mit Brüchen beschreiben können
- Einen gemeinsamen Vergleichsbruch finden können
- Die Anteile der Größe nach ordnen können
- Anteile, Vergleichsbrüche und Ganze operativ berechnen können
- Anteile in Textaufgaben berechnen können

ARBEITSMITTEL/MEDIEN/LITERATURHINWEISE

- Arbeitsblätter (2)
- Folien
- Block

TAFELBILD/FOLIEN

Wir stellen Vergleichsbrüche her

Welche Klasse hat den größten Fahrschüleranteil?

Anteile mit Brüchen beschreiben:

7a

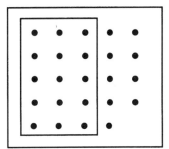

8a: $8 \text{ von } 20 = \dfrac{8}{20} = \dfrac{2}{5}$;

$15 \text{ von } 24 = \dfrac{15}{24} = \dfrac{5}{8}$;

8b: $12 \text{ von } 24 = \dfrac{12}{24} = \dfrac{1}{2}$;

9a: $10 \text{ von } 30 = \dfrac{10}{30} = \dfrac{1}{3}$;

7b

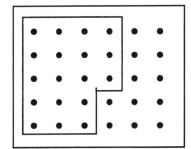

9b: $7 \text{ von } 28 = \dfrac{7}{28} = \dfrac{1}{4}$;

Die Klasse 8b hat den größten Fahrschüleranteil.

$18 \text{ von } 30 = \dfrac{18}{30} = \dfrac{3}{5}$;

Stundenbild

I. Hinführung

	TLP (Folie 1) (sh. AB 1 ❶)	L: Vergleiche die Bruchteile und ordne der Größe nach!
PA	Block	
L/SS		Kontrolle - Verbesserung

II. Problemstufe

	TA (sh. AB 1)	L: Fahrschüleranteile
		SS: verbalisieren
		SS: Welche Klasse hat den größten Fahrschüleranteil?
Zielangabe	TA	

> **Wir stellen Vergleichsbrüche her**

III. Lösungsstufe

	TA	SS: Vermutungen - Klasse 8b?
		SS: Klasse 8b hat aber auch die meisten Schüler.
LSG		Bruchvergleich
PA	Block	Schüler bilden beliebige Bruchvergleiche

IV. Ergebnisstufe

Anteile mit Brüchen beschreiben:

L/SS   TA

8a: $8 \text{ von } 20 = \dfrac{8}{20} = \dfrac{2}{5}$

8b: $12 \text{ von } 24 = \dfrac{12}{24} = \dfrac{1}{2}$

9a: $10 \text{ von } 30 = \dfrac{10}{30} = \dfrac{1}{3}$

9b: $7 \text{ von } 28 = \dfrac{7}{28} = \dfrac{1}{4}$

TA   SS: Die Klasse 8b hat den größten Fahrschüleranteil.

V. Sicherung

Zsf.

Eintrag   AB 1

Vergleichsbrüche herstellen
- Mädchen/Buben einer Klasse

VI. Vertiefung

AB 2

(auch als Haus-
aufgabe)

MAT

<u>Wir stellen Vergleichsbrüche her (1)</u>

❶ **Vergleiche die Brüche: Setze < , > oder = ein.**

$\dfrac{2}{3}$ $\qquad$ $\dfrac{5}{7}$; $\qquad$ $\dfrac{5}{8}$ $\qquad$ $\dfrac{7}{9}$; $\qquad$ $\dfrac{2}{3}$ $\qquad$ $\dfrac{3}{5}$; $\qquad$ $\dfrac{5}{6}$ $\qquad$ $\dfrac{7}{8}$;

$\dfrac{7}{11}$ $\qquad$ $\dfrac{2}{3}$; $\qquad$ $\dfrac{5}{12}$ $\qquad$ $\dfrac{3}{7}$; $\qquad$ $\dfrac{6}{15}$ $\qquad$ $\dfrac{1}{3}$; $\qquad$ $\dfrac{4}{7}$ $\qquad$ $\dfrac{5}{8}$;

❷ **Welche Klasse hat den größten Fahrschüleranteil?**

Klasse	Schüler	Fahrsch.	Anteile / Fahrschüler
8a	20	8	8 von 20 $= \dfrac{8}{20} = \dfrac{2}{5}$;
8b	24	12	12 von 24 $=$
9a	30	10	
9b	28	7	

Antwort: _____

❸ **Berechne die fehlenden Werte!**

Klasse	Knaben	Mädchen	Anteile
7	15		
		12	12 von 27 $=$ ———— $=$ ———— ;
8	12		$= \dfrac{2}{5}$;
9			$= \dfrac{14}{26}$
		12	

MAT

Wir stellen Vergleichsbrüche her (1)

❶ **Vergleiche die Brüche - setze < , > oder = ein.**

$\frac{2}{3}$ $\cdot\frac{7}{7}<\frac{3}{3}\cdot$ $\frac{5}{7}$; $\qquad$ $\frac{5}{8}$ $\cdot\frac{9}{9}<\frac{8}{8}\cdot$ $\frac{7}{9}$; $\qquad$ $\frac{2}{3}$ $\cdot\frac{5}{5}>\frac{3}{3}\cdot$ $\frac{3}{5}$; $\qquad$ $\frac{5}{6}$ $\cdot\frac{4}{4}<\frac{3}{3}\cdot$ $\frac{7}{8}$;

$\frac{7}{11}$ $\cdot\frac{3}{3}<\frac{11}{11}\cdot$ $\frac{2}{3}$; $\qquad$ $\frac{5}{12}$ $\cdot\frac{7}{7}<\frac{12}{12}\cdot$ $\frac{3}{7}$; $\qquad$ $\frac{6}{15}$ $\cdot\frac{3}{3}>\frac{15}{15}\cdot$ $\frac{1}{3}$; $\qquad$ $\frac{4}{7}$ $\cdot\frac{8}{8}<\frac{7}{7}\cdot$ $\frac{5}{8}$;

❷ **Welche Klasse hat den größten Fahrschüleranteil?**

Klasse	Schüler	Fahrsch.	Anteile/Fahrschüler
8a	20	8	$8 \text{ von } 20 = \frac{8}{20} = \frac{2}{5}$;
8b	24	12	$12 \text{ von } 24 = \frac{12}{24} = \frac{1}{2}$;
9a	30	10	$10 \text{ von } 30 = \frac{10}{30} = \frac{1}{3}$;
9b	28	7	$7 \text{ von } 28 = \frac{7}{28} = \frac{1}{4}$;

Antwort: **Die Klasse 8 b hat den größten Fahrschüleranteil.**

❸ **Berechne die fehlenden Werte!**

Klasse	Knaben	Mädchen	Anteile
7	15		$15 \text{ von } 27 = \frac{15}{27} = \frac{5}{9}$;
		12	$12 \text{ von } 27 = \frac{12}{27} = \frac{4}{9}$;
8	12		$12 \text{ von } 30 = \frac{12}{30} = \frac{2}{5}$;
		18	$18 \text{ von } 30 = \frac{18}{30} = \frac{3}{5}$;
9	14		$14 \text{ von } 26 = \frac{14}{26} = \frac{7}{13}$;
		12	$12 \text{ von } 26 = \frac{12}{26} = \frac{6}{13}$;

MAT

Wir stellen Vergleichsbrüche her (2)

❹

| 7 "gute" Sportler aus Peters Klasse (28 Schüler) | 5 "gute" Sportler aus Karstens Klasse (25 Schüler) |

7 von 28 Schülern.

$= \frac{\quad}{\quad} = \frac{\quad}{\quad}$

$= \frac{\quad}{\quad} = \frac{\quad}{20}$;

_____ von _____ Schülern

$= \frac{\quad}{\quad} = \frac{\quad}{\quad}$

$= \frac{\quad}{\quad} = \frac{\quad}{20}$;

❺ Die Hauptschule in Hopfenbrunn hat zwei 7. Klassen. Die Klasse 7a besuchen 20 Schüler, die Klasse 7b dagegen 25. 15 Schüler der 7a und 20 Schüler der 7b haben bereits den Fahrtenschwimmerschein erworben.

7a: 15 von _____ $= \frac{\quad}{\quad} = \frac{\quad}{\quad} = \frac{\quad}{\quad}$;

7b: _____ $= \frac{\quad}{\quad} = \frac{\quad}{\quad} = \frac{\quad}{\quad}$;

Antwort: _____

❻ Bei einer Fragebogenaktion wurden in Kirchdorf 200, in Musberg 300 und in Kleinweiler 150 Fragebögen verteilt. Ausgefüllt zurückgegeben wurden in Kirchdorf 56, in Musberg 75 und in Kleinweiler 42 Fragebögen.

Antwort: _____

_____

MAT

Wir stellen Vergleichsbrüche her (2)

❹

7 "gute" Sportler
aus Peters Klasse
(28 Schüler)

5 "gute" Sportler
aus Karstens Klasse
(25 Schüler)

7 von 28 Schülern

$$= \frac{7}{28} = \frac{1}{4}$$

$$= \frac{1 \cdot 5}{4 \cdot 5} = \frac{5}{20} \, ;$$

___5___ von ___25___ Schülern

$$= \frac{5}{25} = \frac{1}{5}$$

$$= \frac{1 \cdot 4}{5 \cdot 4} = \frac{4}{20} \, ;$$

❺ Die Hauptschule in Hopfenbrunn hat zwei 7. Klassen. Die Klasse 7a besuchen 20 Schüler, die Klasse 7b dagegen 25. 15 Schüler der 7a und 20 Schüler der 7b haben bereits den Fahrtenschwimmerschein erworben.

7a: 15 von **20** $= \dfrac{15}{20} = \dfrac{3 \cdot 5}{4 \cdot 5} = \dfrac{15}{20} \, ;$

7b: **20 von 25 Schülern** $= \dfrac{20}{25} = \dfrac{4 \cdot 4}{5 \cdot 4} = \dfrac{16}{20} \, ;$

Antwort: **Die Klasse 7 b hat den größeren Fahrtenschwimmeranteil.**

❻ Bei einer Fragebogenaktion wurden in Kirchdorf 200, in Musberg 300 und in Kleinweiler 150 Fragebögen verteilt. Ausgefüllt zurückgegeben wurden in Kirchdorf 56, in Musberg 75 und in Kleinweiler 42 Fragebögen.

Ki: 56 von 200 $= \dfrac{56}{200} = \dfrac{28}{100} \, ;$

Mu: 75 von 300 $= \dfrac{75}{300} = \dfrac{25}{100} \, ;$

Kl. 42 von 150 $= \dfrac{42}{150} = \dfrac{14}{50} = \dfrac{28}{100} \, ;$

Antwort: **In Musberg wurden anteilmäßig die wenigsten Fragebögen zurückgegeben.**

THEMA
Wir unterscheiden: Bruch, Dezimalbruch, Prozent

LERNZIELE

- Den Bruchvergleich mit dem Nenner 100 herstellen können
- Brüche mit dem Nenner 100 als Dezimalbrüche schreiben können
- Den Hundertervergleich als Prozentvergleich kennen lernen
- Prozente zeichnerisch darstellen können
- Die Begriffe des Prozentrechnens kennen lernen

ARBEITSMITTEL/MEDIEN/LITERATURHINWEISE

- Arbeitsblätter (3)
- Folien
- Block

TAFELBILD/FOLIEN

Wir unterscheiden: Bruch, Dezimalbruch, Prozent

Welcher Schüler ist am hilfsbereitesten?

Peter:
4 DM von 20 €

Gitte:
6 DM von 24 €

Otto:
7 DM von 28 €

Hans:
6 DM von 18 €

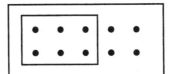

6 Schüler von 10 Schülern

$$\frac{6}{10} = \frac{60}{100} = 0{,}60 = 60\,\%$$

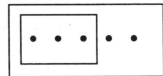

3 Schüler von 5 Schülern

$$\frac{3}{5} = \frac{60}{100} = 0{,}60 = 60\,\%$$

$$\frac{3}{5} \text{ der Klasse} = 0{,}60 \text{ der Klasse} = \frac{60}{100} \text{ der Klasse} = 60\,\% \text{ der Klasse}$$

verschiedene Schreibweisen desselben Sachverhaltes

$$\frac{4}{20} = \frac{1}{5} = \frac{20}{100} = 0{,}20 = 20\,\% \; ;$$

% = Prozentzeichen
Prozent heißt: "von Hundert"
"Hundertstel"

Der Bruchteil vom Ganzen
Der Bruch mit dem Nenner 100
Der Dezimalbruch
Der Prozentoperator

beschreiben denselben
Sachverhalt

Stundenbild

I. Hinführung

L/SS	Folie (AB 1)	12 Eier von 60
		SS: verbalisieren

II. Problemstellung

	Folie	"Taschengeld" (Bild)
L/SS		
Aufhellen des Sachverhaltes		SS: Welcher Schüler ist am hilfsbereitesten?

Zielangabe	TA	**Wir unterscheiden: Bruch - Dezimalbruch - Prozent**

III. Problemlösung

SS: Vermutungen
    Wir müssen wieder den Vergleichsbruch herstellen.

Alleinarbeit	Block	
L/SS	AB 1 (Folie)	Eintrag/Vergleichsbruch
Impuls		L: Einige Nenner lassen sich zu Hundertstel erweitern.

$$\frac{4}{20} = \frac{1}{5} = \frac{20}{100} = 0,20$$

$$\frac{4}{20} = 4 : 20 = 0,20$$

$$\frac{6}{18} = 6 : 18 = 0,33$$

L: Statt $\frac{20}{100} = 20 : 100 = 0,20$ sagt man 20 %.

L: Wandle die anderen Vergleichsbrüche in % um!

Erkenntnis	TA	
	AB 1 (Folie)	$\boxed{\dfrac{1}{100} = 0,01 = 1\ \%}$ % = Prozentzeichen

Prozent heißt: "von Hundert" bzw. "Hundertstel"

IV. Operative Übung

	AB 2	Brüche in Hundertstel benennen
		Prozentsätze im Hunderterterfeld ausmalen.

V. Zusammenfassung/Sicherung/Weiterführung

Erarbeitung (auch als Hausaufgabe)	AB 3	Die Prozentrechnung - Einführung
	AB 4	Die Prozentrechnung - Grundbegriffe
Erarbeitung im LSG		

MAT

Wir unterscheiden: Bruch - Dezimalbruch - Prozent (1)

❶ **Vergleichsübungen**

12 Eier von 60 Eiern $\longrightarrow$ ——— bzw. ——— von 60 Eiern

15 m von 90 m $\longrightarrow$ ——— bzw. ——— von 90 m

18 kg von 108 kg $\longrightarrow$ ——— bzw. ————————

15 Kinder von 75 Kindern $\longrightarrow$ ————————————

6 Blumen von 72 Blumen $\longrightarrow$ ————————————

17 Bälle von 51 Bällen $\longrightarrow$ ————————————

❷ **Welcher Schüler ist am hilfsbereitesten?**

	Taschengeld €	Spende €	Anteil der Spende
Peter	20	4	$\frac{4}{20} = \frac{1}{5} = \frac{}{100} = 0, = \%$
Gitte	24	6	
Otto	28	7	
Hans	18	6	

Antwort : **Hans ist am hilfsbereitesten.**

$$ \text{————} = = \boxed{} $$

❸ **Trage die fehlenden Werte ein!**

Klasse	Schüler	Urkunde	Anteile an Urkunden
6	30	15	
7	24	18	
8	25	20	
9	28	21	

MAT

Wir unterscheiden: Bruch - Dezimalbruch - Prozent (1)

❶ Vergleichsübungen

12 Eier von 60 Eiern $\longrightarrow$ $\dfrac{12}{60}$ bzw. $\dfrac{1}{5}$ von 60 Eiern

15 m von 90 m $\longrightarrow$ $\dfrac{15}{90}$ bzw. $\dfrac{1}{6}$ von 90 m

18 kg von 108 kg $\longrightarrow$ $\dfrac{18}{108}$ bzw. $\dfrac{1}{6}$ **von 108 kg**

15 Kinder von 75 Kindern $\longrightarrow$ $\dfrac{15}{75}$ **bzw.** $\dfrac{1}{5}$ **von 75 Kindern**

6 Blumen von 72 Blumen $\longrightarrow$ $\dfrac{6}{72}$ **bzw.** $\dfrac{1}{12}$ **von 72 Blumen**

17 Bälle von 51 Bällen $\longrightarrow$ $\dfrac{17}{51}$ **bzw.** $\dfrac{1}{3}$ **von 51 Bällen**

❷ Welcher Schüler ist am hilfsbereitesten?

	Taschengeld €	Spende €	Anteil der Spende
Peter	20	4	$\dfrac{4}{20} = \dfrac{1}{5} = \dfrac{20}{100} = 0{,}20 = 20\,\%$
Gitte	24	6	$\dfrac{6}{24} = \dfrac{1}{4} = \dfrac{25}{100} = 0{,}25 = 25\,\%$
Otto	28	7	$\dfrac{7}{28} = \dfrac{1}{4} = \dfrac{25}{100} = 0{,}25 = 25\,\%$
Hans	18	6	$\dfrac{6}{18} = \dfrac{1}{3} = \dfrac{33{,}\overline{3}}{100} = 0{,}\overline{33} = 33\dfrac{1}{3}\,\%$

Antwort: **Hans ist am hilfsbereitesten.**

$$\dfrac{1}{100} = \underline{0{,}01} = \boxed{1\,\%}$$

❸ Trage die fehlenden Werte ein!

Klasse	Schüler	Urkunde	Anteile an Urkunden
6	30	15	$\dfrac{15}{30} = \dfrac{5}{10} = \dfrac{50}{100} = 0{,}50 = 50\,\%$
7	24	18	$\dfrac{18}{24} = \dfrac{3}{4} = \dfrac{75}{100} = 0{,}75 = 75\,\%$
8	25	20	$\dfrac{20}{25} = \dfrac{4}{5} = \dfrac{80}{100} = 0{,}80 = 80\,\%$
9	28	21	$\dfrac{21}{28} = \dfrac{3}{4} = \dfrac{75}{100} = 0{,}75 = 75\,\%$

MAT

Wir unterscheiden: Bruch - Dezimalbruch - Prozent (2)

❹ Benenne die Brüche auch in Hundertstel!

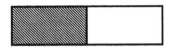 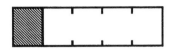 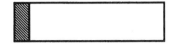

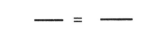 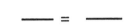

 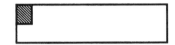 

$\frac{1}{4}$				
	0,125			
		$\frac{37,5}{100}$		
			50 %	75 %

❺ Male die Prozentsätze farbig aus (verschiedene Möglichkeiten)!

$$25\ \% + 22\ \% + 33\ \% + 8\ \% + ?\ \% = 100\ \%$$

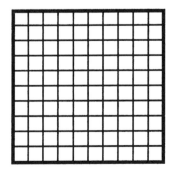 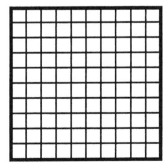 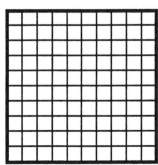

MAT

Wir unterscheiden: Bruch - Dezimalbruch - Prozent (2)

❹ Benenne die Brüche auch in Hundertstel!

$$\frac{1}{2} = \frac{50}{100}$$

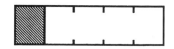

$$\frac{1}{5} = \frac{20}{100}$$

$$\frac{1}{10} = \frac{10}{100}$$

$$\frac{2}{5} = \frac{40}{100}$$

$$\frac{1}{20} = \frac{5}{100}$$

$$\frac{1}{3} = \frac{33\frac{1}{3}}{100}$$

$\frac{1}{4}$	$\frac{1}{8}$	$\frac{3}{8}$	$\frac{1}{2}$	$\frac{3}{4}$
0,25	0,125	0,375	0,50	0,75
$\frac{25}{100}$	$\frac{12,5}{100}$	$\frac{37,5}{100}$	$\frac{50}{100}$	$\frac{75}{100}$
25 %	12,5 %	37,5 %	50 %	75 %

❺ Male die Prozentsätze farbig aus (verschiedene Möglichkeiten)!

$$25\ \% + 22\ \% + 33\ \% + 8\ \% + ?\ \% = 100\ \%$$

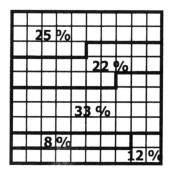

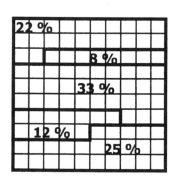

MAT

Die Prozentrechnung: Einführung

❶ Die Vergleichszahl ist ein beliebiger Bruch:

Schülerzahl	35	36	36
Probearbeiten, mit gut bewertet	7	9	12

Frage:

_____

_____

7a   7b   7c

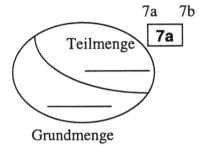 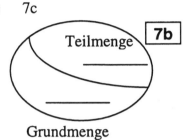 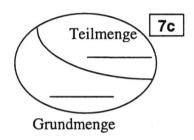

Teilmenge   **7a**   Teilmenge   **7b**   Teilmenge   **7c**

Grundmenge   Grundmenge   Grundmenge

_____ _____ _____

_____ _____ _____

_____ _____ _____

Erweitere und vergleiche! Darstellung als <u>Operator</u>:

 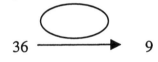 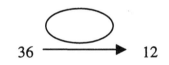

35 ⟶ 7   36 ⟶ 9   36 ⟶ 12

❷ Der Vergleichsbruch hat den Nenner 100:

Schülerzahl	30	32	36
Fahrtenschwimmer	6	8	18

Frage:

_____

_____

7a   7b   7c

7a   **7b**   **7c**

_____ _____ _____

_____ _____ _____

_____ _____ _____

Erweitere und vergleiche! Darstellung als <u>Operator</u>:

  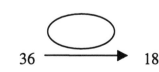

30 ⟶ 6   32 ⟶ 8   36 ⟶ 18

Für alle Vergleiche wählt man immer _____ als Hauptnenner.

Für _____ wird auch das Fremdwort _____ gebraucht.

Das Zeichen für _____ ist [   ] .

Ein Prozent ist immer der _____ Teil der Grundmenge.

MAT

Die Prozentrechnung: Einführung

❶ Die Vergleichszahl ist ein beliebiger Bruch:

Schülerzahl	35	36	36
Probearbeiten, mit gut bewertet	7	9	12

Frage:

In welcher Klasse fiel die Probe am besten aus?

7a 7b 7c

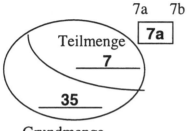

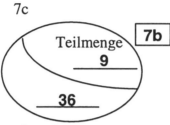

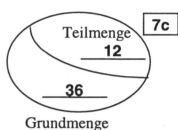

Grundmenge   Grundmenge   Grundmenge

7 von 35	**9 von 36**	**12 von 36**
$\dfrac{7}{35}$	$\dfrac{9}{36}$	$\dfrac{12}{36}$
$= \dfrac{1}{5}$	$= \dfrac{1}{4}$	$= \dfrac{1}{3}$

Erweitere und vergleiche! Darstellung als <u>Operator</u>:

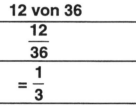

$$35 \xrightarrow{\;\cdot\frac{1}{5}\;} 7 \qquad 36 \xrightarrow{\;\cdot\frac{1}{4}\;} 9 \qquad 36 \xrightarrow{\;\cdot\frac{1}{3}\;} 12$$

❷ Der Vergleichsbruch hat den Nenner 100:

Schülerzahl	30	32	36
Fahrten-schwimmer	6	8	18

Frage:

Wo ist der Anteil an Fahrtenschwimmern größer?

7a 7b 7c

6 von 30	**8 von 32**	**8 von 36**
$\dfrac{6}{30} = \dfrac{1}{5}$	$\dfrac{8}{32} = \dfrac{1}{4}$	$\dfrac{18}{36} = \dfrac{1}{2}$
$\dfrac{1}{5} = \dfrac{20}{100}$	$\dfrac{1}{4} = \dfrac{25}{100}$	$\dfrac{1}{2} = \dfrac{50}{100}$

Erweitere und vergleiche! Darstellung als <u>Operator</u>:

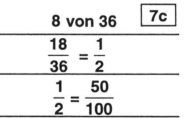

$$30 \xrightarrow{\;\cdot\frac{1}{5}\;} 6 \qquad 32 \xrightarrow{\;\cdot\frac{1}{4}\;} 8 \qquad 36 \xrightarrow{\;\cdot\frac{1}{3}\;} 18$$

Für alle Vergleiche wählt man immer __**Hundertstel**__ als Hauptnenner.

Für __**Hundertstel**__ wird auch das Fremdwort __**Prozent**__ gebraucht.

Das Zeichen für __**Prozent**__ ist $\boxed{\%}$.

Ein Prozent ist immer der __**hundertste**__ Teil der Grundmenge.

MAT

Die Prozentrechnung: Grundbegriffe

Dirk, Stefan und Michael streiten sich darüber, wer von ihnen am sparsamsten mit seinem Taschengeld gewirtschaftet hat.

Dirk: "Ich bin am sparsamsten gewesen. Von 15 € habe ich nur 9 € ausgegeben. Stefan hat 11 € und Michael sogar 12 € ausgegeben."

Michael: "So einfach geht das nicht! Ich war der Sparsamste, denn ich habe von meinen 25 € nicht einmal die Hälfte ausgegeben."

Stefan: "Ihr müsst es so machen wie ich, halbe-halbe, das ist am vernünftigsten."

Der Streit lässt sich ohne weiteres schlichten:

_____

Name	Taschengeld	Ausgabe	Vergleiche: Bruch	$\overline{100}$	%
Dirk	_____	_____	_____	_____	_____
Stefan	_____	_____	_____	_____	_____
Michael	_____	_____	_____	_____	_____

Dirk   Stefan   Michael

❶ Gib den Anteil der gefärbten Flächen an der Gesamtfläche in Prozent an!

a)   b)   c)   d)   e)

❷ a) Miss die Länge des ganzen Streifens und die Länge der Teilstreifen!

b) Gib den Anteil der Länge jedes Teilstreifens am Gesamtstreifen in % an!

| A | B | C | D | E |

MAT

Die Prozentrechnung: Grundbegriffe

Dirk, Stefan und Michael streiten sich darüber, wer von ihnen am sparsamsten mit seinem Taschengeld gewirtschaftet hat.

Dirk: "Ich bin am sparsamsten gewesen. Von 15 € habe ich nur 9 € ausgegeben. Stefan hat 11 € und Michael sogar 12 € ausgegeben."

Michael: "So einfach geht das nicht! Ich war der Sparsamste, denn ich habe von meinen 25 € nicht einmal die Hälfte ausgegeben."

Stefan: "Ihr müsst es so machen wie ich, halbe-halbe, das ist am vernünftigsten."

Der Streit lässt sich ohne weiteres schlichten:

Wir vergleichen die Ausgaben der drei Knaben!

Name	Taschengeld	Ausgabe	Vergleiche: Bruch	$\overline{100}$	%
Dirk	15 €	9 €	$\frac{9}{15} = \frac{3}{15}$	$\frac{60}{100}$	60 %
Stefan	22 €	11 €	$\frac{11}{22} = \frac{1}{2}$	$\frac{50}{100}$	50 %
Michael	25 €	12 €	$\frac{12}{25}$	$\frac{48}{100}$	48 %

Dirk

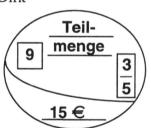

Teil-menge

9   $\frac{3}{5}$

15 €

Grundmenge

Stefan

Teil des Ganzen

11   $\frac{1}{2}$

22 €

Ganzes

Michael

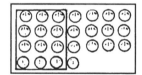

Prozentwert (12)

Grundwert (25 €)

Grundmenge	Prozentoperator	Teilmenge
Ganzes	Prozentoperator	Teil des Ganzen
Grundwert (GW)	Prozentsatz ($\frac{p}{100}$)	Prozentwert (PW)

❶ Gib den Anteil der gefärbten Flächen an der Gesamtfläche in Prozent an!

a) 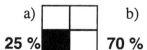 25 % b)  70 % c) 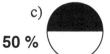 50 % d) 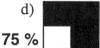 75 % e)  60 %

❷ a) Miss die Länge des ganzen Streifens und die Länge der Teilstreifen!

b) Gib den Anteil der Länge jedes Teilstreifens am Gesamtstreifen in % an!

2,4   1,8   3   1,2   3,6   Gesamtlänge <u>12 cm</u> ;

A 20 %	B 15 %	C 25 %	D 10 %	E 30 %

THEMA
Die Prozentrechnung: Wir suchen den Prozentwert

LERNZIELE

- Wiederholung der drei Grundbegriffe der Prozentrechnung
- Fähigkeit erwerben, Aufgaben auf verschiedene Art und Weise zu lösen (Kurztabelle, Operator, Dreisatz, graphische Darstellung)
- Verschiedene Lösungswege bei Textaufgaben zur Anwendung bringen

ARBEITSMITTEL/MEDIEN/LITERATURHINWEISE

- Arbeitsblätter (2)
- Lösungen zu den Arbeitsblättern
- Folien
- Wortkarten

TAFELBILD/FOLIEN

Wir suchen den Prozentwert

Die Klasse 7a fährt zu einer Thaterveranstaltung nach Augsburg. Klassleiter Leißl meldet im Sekretariat: "90 % meiner Schüler nehmen an dieser Fahrt teil."
Frau Wallisch aus dem Sekretariat stellt fest, dass die Klasse 7a insgesamt 30 Schüler hat.
Wie viele Schüler nehmen an der Theaterveranstaltung teil?

1. Kurztabelle:

$$\frac{90}{100} = \left(\frac{9}{10}\right)$$

100 % ⟶ 30 [Sch.]
90 % ⟶ ☐ ⟵ $\left(\frac{9}{10}\right)$
90 % ⟶ 27 [Sch.]

2. Dreisatz:

100 % = 30 Sch.
10 % = 3 Sch.
90 % = 27 [Sch.]

$$\frac{30}{10} \cdot 9 = 27 \text{ [Sch.]}$$

oder

$$\frac{30}{100} \cdot 90 = 27 \text{ [Sch.]}$$

3. Operator:

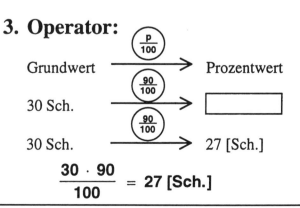

Grundwert $\xrightarrow{\frac{p}{100}}$ Prozentwert

30 Sch. $\xrightarrow{\frac{90}{100}}$ ☐

30 Sch. $\xrightarrow{\frac{90}{100}}$ 27 [Sch.]

$$\frac{30 \cdot 90}{100} = 27 \text{ [Sch.]}$$

4. Graphische Darstellung:

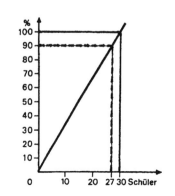

Stundenbild

I. Hinführung

Wiederholung

3 WK TA

Begriffe der Prozentrechnung
- Prozentwert (der Teil)
- Grundwert (das Ganze; 100 %)
- Prozentsatz (Zahl mit %-Zeichen)

Aussprache

Zielangabe   TA | **Wir berechnen den Prozentwert** |

II. Erarbeitung

TLP Folie
(siehe TA)

Aufgabe

SS lesen
Lösungsvorschläge
Erarbeitung von
Lösungsstrategien

4 WK

1. **Kurztabelle**
2. **Dreisatz**
3. **Operator**
4. **Graphische Darstellung**

Differenzierung
nach Leistungs-
stärke

zu 4. a)

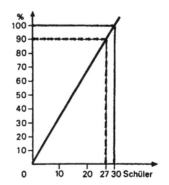

Gr. 1:STA
Gr. 2:PA
Gr. 3:LSG (mit
L an der TA)

zu 4. b) Gegebenes Wertepaar: (100 %; 30 Schüler)
Gesuchtes Wertepaar: (90 %; x Schüler)

Zsf. Ergebnisse   (sh. TA)
Eintrag   Heft
bzw. Rückseite   AB 1

Maße: 10 Schüler = 1 cm
10 %   = 0,5 cm

III. Sicherung/Vertiefung

(Zsf.)   AB 1

LSG/STA   AB 2   Übungsaufgaben 1–7
(auch als Haus-
aufgabe)

MAT

Die Prozentrechnung: Wir suchen den Prozentwert

Achtung, Fahrzeugkontrolle!

Im Landkreis D. führte die Polizei an einem Tag an 3600 Fahrzeugen eine Fahrzeugkontrolle durch. Bei 13 % wurden die Bremsen beanstandet, bei 20 % waren die Reifenprofile nicht in Ordnung und bei 25 % war die Beleuchtung defekt.
Unsere Fragen:

_____

_____

_____

_____

Wir tragen die Prozentsätze in den **Prozentstreifen** ein!

= _____ Autos _____ %

Wir untersuchen drei Möglichkeiten der rechnerischen Lösung.

❶ Lösung in der Tabelle:

%	Autos	Quotient	Wert

❷ Lösung über den Prozentoperator:

Der Prozentoperator kann auch als Operator ausgedrückt werden. Allgemein schreiben wir $\left(\frac{p}{100}\right)$.
Er ist also ein Bruch mit dem Nenner 100.

Beispiel: 13 % von 3600 Autos.   Nebenrechnung:

3600 ⟶ ◯ ⟶ _____

Anfangszustand → Operator → Endzustand

_____

Beispiel: 20 % von 3600 Autos   Nebenrechnung:

3600 ⟶ ◯ ⟶ _____

❸ Lösung als Schluss über die Einheit:

Beispiel: 25 % von 3600 Autos.

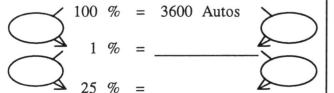

100 % = 3600 Autos

1 % = _____

25 % = _____

Beispiel: 42 % von 3600 Autos.

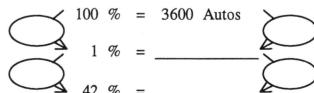

100 % = 3600 Autos

1 % = _____

42 % = _____

MAT

Die Prozentrechnung: Wir suchen den Prozentwert

Achtung, Fahrzeugkontrolle!

Im Landkreis D. führte die Polizei an einem Tag an 3600 Fahrzeugen eine Fahrzeugkontrolle durch. Bei 13 % wurden die Bremsen beanstandet, bei 20 % waren die Reifenprofile nicht in Ordnung und bei 25 % war die Beleuchtung defekt.
Unsere Fragen:

Wie viele Autos sind 13 %? _____

Wie viele Autos sind 20 %? _____

Wie viele Autos sind 25 % _____

Wie viele Autos sind in Ordnung? _____

Wir tragen die Prozentsätze in den **Prozentstreifen** ein!

13 %	20%	25 %	42 %

= __3600__ Autos ____100____ %

Wir untersuchen drei Möglichkeiten der rechnerischen Lösung.

❶ Lösung in der Tabelle:

%	Autos	Quotient	Wert
100	3 600	3 600 : 100	36
13	468		36 · 13
20	720		36 · 20
25	900		36 · 25
42	1512		36 · 42

$$PW = GW \cdot \frac{p}{100}$$

❷ Lösung über den Prozentoperator:

Der Prozentoperator kann auch als Operator ausgedrückt werden. Allgemein schreiben wir $\left(\frac{p}{100}\right)$. Er ist also ein Bruch mit dem Nenner 100.

Beispiel: 13 % von 3600 Autos.

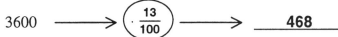

$3600 \longrightarrow \left(\cdot\frac{13}{100}\right) \longrightarrow$ __468__

| Anfangszustand | → | Operator | → | Endzustand |

Beispiel: 20 % von 3600 Autos

$3600 \longrightarrow \left(\cdot\frac{20}{100}\right) \longrightarrow$ __720__

Nebenrechnung:

3600 · 13 : 100 = 468

TR:

3600 · 13 |%-Taste| = 468

Nebenrechnung:

3600 · 20 : 100 = 720

❸ Lösung als Schluss über die Einheit:

Beispiel: 25 % von 3600 Autos.

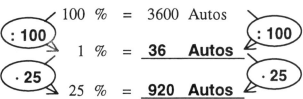

: 100   100 % = 3600 Autos   : 100
        1 % = __36__ **Autos**
· 25   25 % = __920__ **Autos**   · 25

Beispiel: 42 % von 3600 Autos.

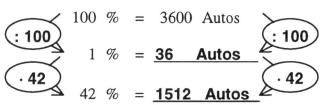

: 100   100 % = 3600 Autos   : 100
        1 % = __36__ **Autos**
· 42   42 % = __1512__ **Autos**   · 42

© pb-verlag Puchheim MAT 7

MAT

Prozentrechnen: Prozentwert (PW) gesucht

Den Prozentwert (PW) kannst du auf verschiedene Weise berechnen und darstellen:

Aufgabe : 12 % von 960 € = ? €

Erste Lösungsmöglichkeit :

$$100 \% \rightarrow 960 \text{ €}$$
$$1 \% \rightarrow 960 \text{ €} : 100 = 9{,}60 \text{ €}$$
$$12 \% \rightarrow 9{,}60 \text{ €} \cdot 12 = 115{,}20 \text{ €}$$

Zweite Lösungsmöglichkeit :

$$12 \% = \frac{12}{100} \text{ vom Ganzen}$$
$$\frac{12}{100} \cdot 960 \text{ €} = 12 \cdot 960 \text{ €} : 100 = 115{,}20 \text{ €}$$

Dritte Lösungsmöglichkeit :
(Bruchansatz)

$$PW = \frac{GW \cdot p}{100} = \frac{960 \cdot 12}{100} = 115{,}20 \text{ €}$$

❶ Familie Nagel verfügt über ein Monatseinkommen von 1850,-- € . Davon nimmt die Wohnungsmiete 20 % in Anspruch; 12 % sind für Versicherungen fällig und 10 % lässt Herr Nagel auf ein Sparbuch überweisen.

❷ Gebrauchtwagenhändler Braun hat ein Personenauto für 4250,-- € angekauft. Beim Verkauf des Wagens will er 22 % verdienen.

❸ Möbelhändler Kraus hat einen Wohnzimmerschrank für 1930,-- € eingekauft. Für den Transport von der Möbelfabrik zu seinem Lager werden 86,-- € berechnet. Beim Verkauf des Schrankes möchte Kraus 25 % verdienen.

❹ In einer Mühle sollen 127 t Weizen gemahlen werden. Getreide kann aber nur bis zu 70 % ausgemahlen werden. Berechne in dz!

❺ Bäcker Hegen richtet jeden Tag 25 kg Teig für Semmeln her. Beim Backen verliert der Teig 20 % an Gewicht. Wie viele Semmeln zu je 50 g stellt Bäcker Hegen täglich her?

❻ Ein Textilkaufmann bezieht 35 m Stoff für 568,75 € . Er will beim Verkauf der Ware 28 % Gewinn erzielen.

❼ Herr Weber kauft einen neuen Wagen für 15 350,-- € . Davon zahlt er 30 % an, den Rest begleicht er in Monatsraten zu je 767,50 € . Wie viele Monate muss Herr Weber die Raten bezahlen?

64

Prozentrechnen: Prozentwert (PW) gesucht (Lösungen)

zu ❶ 100 % = 1850 €

     1 % = 18,50 €

   20 % = <u>370</u> € (Miete) ;

   12 % = <u>222</u> € (Versicherungen) ;

   10 % = <u>185</u> € (Sparbuch) ;

$$PW = \frac{GW \cdot p}{100} = \frac{1850 \cdot 20}{100} = \underline{370} \ [€] \ ;$$

zu ❷ 100 % = 4250 €

     1 % = 42,50 €

   22 % = <u>935</u> € (Verdienst) ;

Verkauf des Gebrauchtwagens: <u>5185 €</u> ;

$$PW = \frac{GW \cdot p}{100} = \frac{4250 \cdot 22}{100} = \underline{935} \ [€] \ ;$$

zu ❸ 1930 + 86 = <u>2016</u> [€] ;

   100 % = 2016 €

     1 % = 20,16 €

   25 % = <u>504</u> € (Verdienst) ;

Verkaufspreis des Schrankes: <u>2520 €</u> ;

$$PW = \frac{GW \cdot p}{100} = \frac{2016 \cdot 25}{100} = \underline{504} \ [€] \ ;$$

zu ❹ 127 t = 1270 dz

   100 % = 1270 dz

     1 % = 12,70 dz

   70 % = <u>889</u> dz (Mehl) ;

$$PW = \frac{GW \cdot p}{100} = \frac{1270 \cdot 70}{100} = \underline{889} \ [dz] \ ;$$

zu ❺ 100 % = 25 kg

     1 % = 0,25 kg

   80 % = <u>20</u> kg (Teig) ;

20 000 : 50 = <u>400</u> [Semmeln] ;

$$PW = \frac{GW \cdot p}{100} = \frac{25 \cdot 80}{100} = \underline{20} \ [kg] \ ;$$

zu ❻ 100 % = 568,75 €

     1 % = 5,6875 €

   28 % = <u>159,25</u> € (Gewinn) ;

Verkaufspreis: <u>728 €</u> ;

$$PW = \frac{GW \cdot p}{100} = \frac{568,75 \cdot 28}{100} = \underline{159,25} \ [€] \ ;$$

zu ❼ 100 % = 15 350 €

     1 % = 153,50 €

   30 % = <u>4605</u> € (Anzahlung) ;

15 350 − 4605 = <u>10 745</u> [€] ;

10 745 : 767,50 = <u>14 [Monatsraten]</u> ;

THEMA

Die Prozentrechnung: Wir suchen den Prozentsatz

LERNZIELE

- Wiederholung der Berechnung des Prozentwertes
- Herausfinden verschiedener Lösungswege bei der Berechnung des Prozentsatzes
  (Kurztabelle, Operator, Dreisatz, graphische Darstellung)
- Anwendung der gefundenen Lösungswege bei Textaufgaben

ARBEITSMITTEL/MEDIEN/LITERATURHINWEISE

- Arbeitsblätter (2)
- Lösungen zu den Arbeitsblättern
- Folien
- Wortkarten

TAFELBILD/FOLIEN

Wir suchen den Prozentsatz

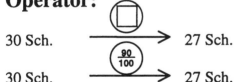

Von 30 Schülern der Klasse 7c fahren 27 Schüler mit ihren Eltern in diesem Jahr in Urlaub.
Wie viel Prozent der Klasse sind das?

1. Kurztabelle:

2. Dreisatz:

$$30 \text{ Sch.} = 100\,\%$$
$$0{,}3 \text{ Sch.} = 1\,\%$$
$$27 \text{ Sch.} = 90\,\%$$

27 : 0,3 = 90 [%]

3. Operator:

30 Sch. $\longrightarrow$ 27 Sch.

$\boxed{\frac{90}{100}}$

30 Sch. $\longrightarrow$ 27 Sch.

$p = 90\,\%$

$$\frac{27}{30} = \frac{9}{10} = \frac{90}{100} = 90\ [\%]$$

4. Graphische Darstellung:

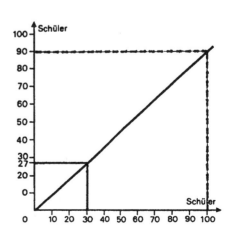

Stundenbild

I. Hinführung

Wiederholung
Lösungsmöglich-
keiten

L: Berechnung des Prozentwertes

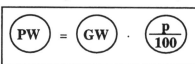

GW = Grundwert
$\frac{p}{100}$ = Prozentsatz
(Operator)

Zielangabe　　　　TA

Wir berechnen den Prozentsatz

II. Erarbeitung

TLP Folie
(siehe TA)

Aufgabe

SS lesen
Lösungsvorschläge
Erarbeitung von
Lösungsstrategien

4 WK

1. **Kurztabelle**
2. **Dreisatz**
3. **Operator**
4. **Graphische Darstellung**

Differenzierung

Gr. 1:　STA (alle Lösungswege)
Gr. 2:　PA (2-3 Lösungswege)
Gr. 3:　LSG mit L an der TA
　　　　(Lösungsweg 2 und 3)

zu 4. a)

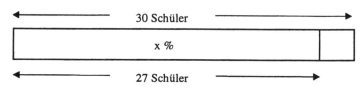

zu 4. b)　Gegebenes Wertepaar:
　　　　(30 Schüler; 27 Schüler)
　　　　Gesuchtes Wertepaar:
　　　　(100 Schüler; x Schüler) = %;
　　　　Maße:　10 Schüler = 0,5 cm

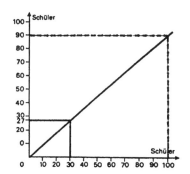

III. Sicherung/Vertiefung

(Zsf.)　　　　　　AB 1
LSG/STA　　　　　AB 2
(auch als Haus-
aufgabe)

Übungsaufgaben 1–7

MAT

Die Prozentrechnung: Wir suchen den Prozentsatz

Eigentumswohnungen der STBO-Bau Wörth		
Bebaute Fläche	9,0 ha	
Grünanlagen	8,0 ha	
Spiel und Sport	4,5 ha	
Verkehr	3,5 ha	
Gesamtfläche	25,0 ha	

Unsere Fragen:

a) _____

b) _____

c) _____

d) _____

Gegeben: _____ und _____

Gesucht: _____

❶ Lösung über die Messung:

Bebaute Fläche	**Grünanlagen**
100 % = _____	100 % = _____
1 % = _____	1 % = _____

Der Wert von 1 % ist im gegebenen Prozentwert _____ mal enthalten.

Prozentsatz = _____

Der Wert von 1 % ist im gegebenen Prozentwert _____ mal enthalten.

Prozentsatz = _____

❷ Lösung mit dem Prozentoperator:

Dazu müssen wir die uns bereits bekannte Formel umstellen:

Prozentwert = Grundwert · Prozentsatz

PW = GW · $\left(\dfrac{p}{100}\right)$

Umstellung Prozentsatz = _____

Spiel- und Sportplätze	**Verkehr (Straßenanlagen)**
_____	_____
_____	_____
_____	_____

Übe nun mit der neuen Formel:

❶ Ein Schreibtisch kostete ursprünglich 360 €. Nach der letzten Messe wurde der Preis um 54 € ermäßigt. Wie viel Prozent des altes Preises betrug die Ermäßigung?

❷ Die achten Klassen einer Schule vergleichen ihre Schwimmleistungen.
Klasse 8a: 24 Schüler, 17 Leistungsabzeichen
Klasse 8b: 25 Schüler, 18 Leistungsabzeichen
Klasse 8c: 28 Schüler, 20 Leistungsabzeichen.
Bei welcher Klasse ist der prozentuale Anteil der Jugendschwimmer am größten?

MAT

Die Prozentrechnung: Wir suchen den Prozentsatz

Eigentumswohnungen der STBO-Bau Wörth

Bebaute Fläche	9,0 ha
Grünanlagen	8,0 ha
Spiel und Sport	4,5 ha
Verkehr	3,5 ha
Gesamtfläche	25,0 ha

Unsere Fragen:

a) **Wie viel % bebaute Fläche?**

b) **Wie viel % Grünanlagen?**

c) **Wie viel % Spiel und Sport?**

d) **Wie viel % Verkehr?**

Gegeben: **Grundwert GW (G)** und **Prozentwert PW (P)**

Gesucht: **Prozentsatz p ($\frac{p}{100}$)**

❶ Lösung über die Messung:

Bebaute Fläche		**Grünanlagen**	
100 % =	**25 ha**	100 % =	**25 ha**
1 % =	**0,25 ha**	1 % =	**0,25 ha**

Der Wert von 1 % ist im gegebenen Prozentwert **36** mal enthalten.

Prozentsatz = **36 %** (9 : 0,25)

Der Wert von 1 % ist im gegebenen Prozentwert **32** mal enthalten.

Prozentsatz = **32 %** (8 : 0,25)

❷ Lösung mit dem Prozentoperator:

Dazu müssen wir die uns bereits bekannte Formel umstellen:

Prozentwert	=	Grundwert	·	Prozentsatz
PW	=	GW	·	$\left(\frac{p}{100}\right)$

Umstellung Prozentsatz = **Prozentwert · 100 : Grundwert**

$$p = \frac{PW \cdot 100}{GW}$$

Spiel- und Sportplätze	**Verkehr (Straßenanlagen)**
p = 4,5 · 100 : 25	p = 4,5 · 100 : 25
p = 18	p = 18
p = 18 %	p = 18 %

Übe nun mit der neuen Formel:

❶ Ein Schreibtisch kostete ursprünglich 360 €. Nach der letzten Messe wurde der Preis um 54 € ermäßigt. Wie viel Prozent des altes Preises betrug die Ermäßigung? **15 %**

❷ Die achten Klassen einer Schule vergleichen ihre Schwimmleistungen.
Klasse 8a: 24 Schüler, 17 Leistungsabzeichen **70,8̄3 %**
Klasse 8b: 25 Schüler, 18 Leistungsabzeichen **72 %**
Klasse 8c: 28 Schüler, 20 Leistungsabzeichen. **71,428571 %**
Bei welcher Klasse ist der prozentuale Anteil der Jugendschwimmer am größten? **8b**

MAT

Prozentrechnen: Prozentsatz (p) gesucht

Den Prozentsatz (p) kannst du auf verschiedene Weise berechnen und darstellen:

Aufgabe : $? \% \text{ von } 120 \, € = 18 \, €$

Erste Lösungsmöglichkeit :

$100 \% \rightarrow 120 \, €$

$1 \% \rightarrow 120 \, € : 100 = 1{,}20 \, €$

$18 \, € : 1{,}20 \, € = 15 \, (\%)$

Zweite Lösungsmöglichkeit :

$18 \, € \text{ von } 120 \, € = \dfrac{18}{120} \text{ vom Ganzen}$

$\dfrac{18}{120} = 18 : 120 = 0{,}15 = \dfrac{15}{100} = 15 \%$

Dritte Lösungsmöglichkeit :

$p = \dfrac{PW \cdot 100}{GW} = \dfrac{18 \cdot 100}{120} = 15 \%$

❶ Die Gemeinde B. hat 1290 Einwohner. Davon sind 176 über 65 Jahre und 258 unter 20 Jahre alt.

❷ Landwirt Schiele besitzt einen Hof mit einer Gesamtfläche von 36 ha. Davon sind 9 ha Wiesen und Weiden. Das Ackerland nimmt 22 h der Fläche ein und ist zur Hälfte mit Hackfrüchten und Getreide angebaut. Der Rest ist Ödland.
a) Berechne die Teilflächen!
b) Erstelle ein Kreisdiagramm!

❸ Von 950 Schülern einer Verbandsschule kommen 532 mit dem Bus zur Schule.
a) Berechnung
b) Erstelle ein Balkendiagramm!

❹ Im Gemüsegeschäft Gump mussten dreißig Kisten Tomaten mit einem Verlust von 32,90 € um 437,10 € verkauft werden.

❺ Ein Wintermantel kostet im Schlussverkauf 229,50 € . Der ursprüngliche Preis war 270,-- € .

❻ An einer Grundschule gibt es 12 Schulanfänger weniger als im vergangenen Schuljahr. Damals besuchten 72 Schüler die erste Jahrgangsstufe.

❼ Von den 33 Schülern der Klasse 6a treten 5 Schüler, von den 37 Schülern der Klasse 6b treten 6 Schüler an die Realschule über.

Prozentrechnen: Prozentsatz (p) gesucht (Lösungen)

zu ❶ 100 % = 1290 E.

   1 % = 12,9 E.

   ? % = 176 E. = 176 : 12,9 $p = \dfrac{PW \cdot 100}{GW} = \dfrac{1760 \cdot 100}{1290} = \underline{13,60\ [\%]}$;

      = 13,643411 %

      = $\underline{13,6\ [\%]}$ (über 65 Jahre) ;

   ? % = 258 : 12,9 $p = \dfrac{PW \cdot 100}{GW} = \dfrac{258 \cdot 100}{1290} = \underline{20\ [\%]}$;

      = $\underline{20\ [\%]}$ (unter 20 Jahre) ;

zu ❷ 100 % =   36 ha

   1 % =   0,36 ha

   ? % =   9 ha = 9 : 0,36 = $\underline{25\ \%}$ (Wiesen/Weiden) ;

   ? % =   22 ha = 22 : 0,36 = 61,1 = $\underline{61,1\ \%}$ (Ackerland) ;

   100 – 25 – 61,1 = $\underline{13,9\ [\%]}$ (Ödland) ;

zu ❸ 100 % =   950 Sch .

   1 % =   9,5 Sch. $p = \dfrac{PW \cdot 100}{GW} = \dfrac{532 \cdot 100}{950} = \underline{56\ [\%]}$;

   ? % = 532 Sch. = 532 : 9,5 = $\underline{56\ \%}$ (Bus) ;

   100 – 56 = $\underline{44\ [\%]}$ (Rest/Fußgänger) ;

Bus	Fußgänger

zu ❹ 437,10 + 32,90 = $\underline{470\ [€]}$;

   100 % =   470 € $p = \dfrac{PW \cdot 100}{GW} = \dfrac{437,10 \cdot 100}{470} = \underline{93\ [\%]}$;

   1 % =   4,70 €

   ? % = 437,10 € = 437,10 : 4,70 = $\underline{93\ \%}$ (Verkauf) ;

   100 – 93 = $\underline{7\ [\%]}$ (Verlust) ;

zu ❺ 100 % =   270 € $p = \dfrac{PW \cdot 100}{GW} = \dfrac{229,50 \cdot 100}{270} = \underline{85\ [\%]}$;

   1 % =   2,70 €

   ? % = 229,50 € = 229,50 : 2,7 = $\underline{85\ \%}$ (Verkauf) ;

   Preisnachlass: $\underline{15\ \%}$;

zu ❻ 100 % =   72 Sch.

   1 % =   0,72 Sch.

   ? % = 12 Sch. = 12 : 0,72 = $16,\overline{6}\ \% = \underline{16\tfrac{2}{3}\ [\%]}$;

   Prozentuale Schülerzahl in diesem Schuljahr: $\underline{83\tfrac{1}{3}\ \%}$;

zu ❼ 100 % =   33 Sch.   100 % =   37 Sch.

   1 % =   0,33 Sch.   1 % =   0,37 Sch.

   ? % =   5 Sch.   ? % =   6 Sch.

   5 : 0,33 = $\underline{15,\overline{15}\ [\%]}$ (6a) ;   6 : 0,37 = $\underline{16,\overline{216}\ [\%]}$ (6b) ;

   Aus der Klasse 6b treten prozentual mehr Schüler in die Realschule über.

THEMA

Die Prozentrechnung: Wir suchen den Grundwert

LERNZIELE

- Wiederholung der Berechnung von Prozentwert und Prozentsatz
- Herausfinden verschiedener Lösungswege bei der Berechnung des Grundwertes
  (Kurztabelle, Operator, Dreisatz, graphische Darstellung)
- Anwendung der gefundenen Lösungswege bei Textaufgaben

ARBEITSMITTEL/MEDIEN/LITERATURHINWEISE

- Arbeitsblätter (3)
- Lösungen zu den Arbeitsblättern
- Folien
- Wortkarten

TAFELBILD/FOLIEN

<u>Wir suchen den Grundwert</u>

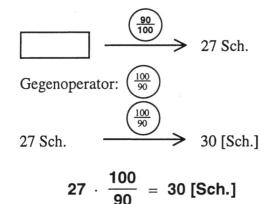

Aus der Klasse 7b dürfen bei einem Ausflug nach München 27 Schüler mitfahren. Das sind 90 % der Klasse.
Wie viele Schüler hat die Klasse?

1. Kurztabelle:

2. Dreisatz:

$90\,\% = 27$ Sch.   **27 : 9 = 30 [Sch.]**

$10\,\% = 3$ Sch.   **oder**

$100\,\% = 30$ Sch.   **27 : 90 · 100 = 30 [Sch.]**

3. Operator:

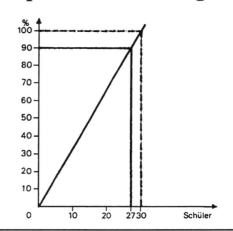

$$27 \cdot \frac{100}{90} = 30 \text{ [Sch.]}$$

4. Graphische Darstellung:

Stundenbild

I. Hinführung

Wiederholung
Lösungsmöglich-
keiten

L: Berechnung des Prozentsatzes

$$\boxed{p} = \frac{\boxed{PW} \cdot 100}{\boxed{GW}}$$

oder Operatormodell

$$\left(\frac{p}{100}\right) = \frac{\boxed{PW}}{\boxed{GW}}$$

Zielangabe   TA

Wir berechnen den Grundwert

II. Erarbeitung

TLP Folie   Aufgabe
(sh. TA)

SS lesen
Lösungsvorschläge

Erarbeitung von
Lösungsstrategien

4 WK

1. **Kurztabelle**
2. **Dreisatz**
3. **Operator**
4. **Graphische Darstellung**

Differenzierung
(siehe Stundenbild
Prozentsatz)

zu 4. a)

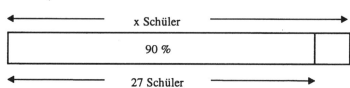

zu 4. b) Gegebenes Wertepaar:
(27 Schüler; 90 %)
Gesuchtes Wertepaar:
(x Schüler; 100 %)
Maße: 10 Schüler = 1 cm
         10 % = 0,5 cm

III. Sicherung/Vertiefung

(Zsf.)   AB 1
LSG/STA
         AB 2/3
(auch als Haus-
aufgabe)

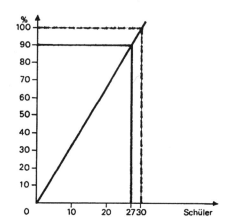

MAT

Die Prozentrechnung: Wir suchen den Grundwert

Eine Autofabrik liefert jährlich 180 000 Autos ins Ausland, das sind 32 % der gesamten Produktion.

Frage:

_____

_____

Gegeben: _____ und _____

Gesucht: _____

Zeichnung: [   ] _____

❶ Lösung als Schluss über die Einheit:

32 %	=	180 000 Autos
1 %	=	_____
100 %	=	_____

Nebenrechnung:

_____

_____

❷ Lösung über die Gleichung mit dem Prozentoperator:

Dazu stellen wir die uns bekannte Formel noch einmal um!

Bekannt: PW   = _____

Bekannt: $\frac{p}{100}$ = _____

Neu: GW   = _____

Rechnung: _____

_____

_____

_____

Antwort: _____

_____

? produzierte —$\left(\frac{32}{100}\right)$— exportierte
  Autos   Autos

Wir teilen eine Zahl durch einen

Bruch, indem wir _____

_____

Nebenrechnung:

_____

_____

	a)	b)	c)	d)	e)	f)
GW						
p	6 %	9 %	13 %	27 %	39 %	123 %
PW	150	49,50	312	634,50	487,50	922,50

MAT

Die Prozentrechnung: Wir suchen den Grundwert

Eine Autofabrik liefert jährlich 180 000 Autos ins Ausland, das sind 32 % der gesamten Produktion.

Frage:

Wie viele Autos werden insgesamt

produziert?

Gegeben: **Prozentsatz p = 32 %** und **Prozentwert PW (P) = 180 000 Autos**

Gesucht: **Grundwert GW (G) = 100 %**

Zeichnung:

32 %	**68 %**

100 % Gesamtproduktion

↑
180 000 Autos

❶ Lösung als Schluss über die Einheit:

	32 %	=	180 000 Autos	
: 32	1 %	=	**5625 Autos**	**: 32**
· 100	100 %	=	**562 500 Autos**	**· 100**

Nebenrechnung:

180 000 : 32 = 5625

5625 · 100 = 562 500

❷ Lösung über die Gleichung mit dem Prozentoperator:

Dazu stellen wir die uns bekannte Formel noch einmal um!

Bekannt: $PW = \underline{GW \cdot \frac{p}{100}}$

Bekannt: $\frac{p}{100} = \underline{PW : GW}$

Neu: $GW = \underline{PW : \frac{p}{100} \text{ oder } PW \cdot 100 : p}$

oder $p = \frac{PW \cdot 100}{GW}$

Rechnung:

$GW = PW \cdot \frac{p}{100}$

$GW = 180\ 000 : \frac{32}{100}$

$GW = 180\ 000 \cdot \frac{100}{32}$

$GW = 562\ 500$

? produzierte — $\frac{32}{100}$ — exportierte
Autos   Autos

Wir teilen eine Zahl durch einen

Bruch, indem wir **mit dem**

Kehrwert multiplizieren.

Nebenrechnung:

$\frac{100}{32} = 3,125$

Antwort: **Es werden insgesamt 562 500**

Autos produziert.

180 000 · 3,125 = 562 500

	a)	**b)**	**c)**	**d)**	**e)**	**f)**
GW	**2500**	**550**	**2400**	**2350**	**1250**	**750 (!)**
p	6 %	9 %	13 %	27 %	39 %	123 %
PW	150	49,50	312	634,50	487,50	922,50

MAT

Prozentrechnen: Grundwert (GW) gesucht

Den Grundwert (GW) kannst du auf verschiedene Weise berechnen und darstellen:

Aufgabe : $\qquad$ 8 % von ? € = 16 €

Erste Lösungsmöglichkeit :

$$8\% \rightarrow 16\,€$$
$$1\% \rightarrow 16\,€ : 8 = 2\,€$$
$$100\% \rightarrow 2\,€ \cdot 100 = 200\,€$$

Zweite Lösungsmöglichkeit :

$$\frac{8}{100} \text{ v. G.} = 16\,€$$
$$\frac{1}{100} \text{ v. G.} = \frac{16}{8}\,€ = 2\,€$$
$$\frac{100}{100} \text{ v. G.} = 100 \cdot 2\,€ = 200\,€$$

Dritte Lösungsmöglichkeit :
(Bruchansatz)

$$GW = \frac{PW \cdot 100}{p} = \frac{16 \cdot 100}{8} = 200$$

❶ Josef hat sich vorgenommen, von seinem monatlichen Verdienst als Bäckerlehrling 70,-- € auf sein Sparkonto zu legen. Das sind genau 28 % von seinem Monatslohn.

❷ Der Autohändler Bleimeir musste beim Verkauf eines Gebrauchtwagens einen Verlust von 9 % hinnehmen und büßte dabei 486,-- € ein.

❸ Zur Klasse 6a gehören 18 Mädchen, das sind 45 % der Gesamtschülerzahl.

❹ Ein Leitungsmast steckt 1,30 m in der Erde. 80 % der Gesamtlänge sind sichtbar.

❺ Für eine Schlafzimmereinrichtung fand das Möbelgeschäft Leinauer lange Zeit keinen Käufer. Schließlich wurden die Möbel mit einem Verlust von 16 % um 2268,-- € abgegeben. Mit welchem Preis waren die Möbel ursprünglich ausgezeichnet gewesen, wenn das Möbelgeschäft 27 % Gewinn erzielen wollte?

❻ Das auslaufende Modell einer Waschmaschine gab der Elektrohändler Kunz mit einem Verlust von 16 % um 546,-- € ab.

❼ Um einen Gewinn von 28 % zu erzielen, verkauft das Elektrogerät Vogel einen Kühlschrank für 704,-- €.

Prozentrechnen: Grundwert (GW) gesucht (Lösungen)

zu ❶

$28\ \% = 70\ €$

$1\ \% = 70 : 28 = 2{,}50\ [€]$

$100\ \% = \underline{250\ €\ \text{(Monatslohn)}}$;

$$GW = \frac{PW \cdot 100}{p} = \frac{70 \cdot 100}{28} = \underline{250\ [€]}\ ;$$

zu ❷

$9\ \% = 486\ €$

$1\ \% = 54\ €$

$100\ \% = \underline{5400\ €\ \text{(Verkaufspreis)}}$;

$$GW = \frac{PW \cdot 100}{p} = \frac{486 \cdot 100}{9} = \underline{5400\ [€]}\ ;$$

zu ❸

$45\ \% = 18\ \text{M.}$

$1\ \% = 0{,}4\ \text{M.}$

$100\ \% = \underline{40\ \text{M. (Gesamtschülerzahl)}}$;

$$GW = \frac{PW \cdot 100}{p} = \frac{18 \cdot 100}{45} = \underline{40\ [\text{Mädchen}]}\ ;$$

zu ❹

$20\ \% = 1{,}30\ \text{m}$

$1\ \% = 0{,}065\ \text{m}$

$100\ \% = \underline{6{,}5\ \text{m (Gesamtlänge)}}$;

$$GW = \frac{PW \cdot 100}{p} = \frac{1{,}3 \cdot 100}{20} = \underline{6{,}5\ [\text{m}]}\ ;$$

Sichtbare Länge: $80\ \% : 6{,}5 - 1{,}3 = \underline{5{,}2\ [\text{m}]}$;

zu ❺

$100 - 16 = \underline{84\ [\%]}$;

$84\ \% = 2268\ [€]$

$1\ \% = 27\ \text{kg}$

$100\ \% = \underline{2700\ [€]\ \text{(Selbstkostenpreis)}}$;

$$GW = \frac{PW \cdot 100}{p} = \frac{2268 \cdot 100}{84} = \underline{2700\ [€]}\ ;$$

$100\ \% = 2700\ €$

$1\ \% = 27\ €$

$127\ \% = \underline{3429\ [€]\ \text{(ursprüngl. Verkaufspreis)}}$;

$$GW = \frac{PW \cdot 100}{p} = \frac{2700 \cdot 127}{100} = \underline{3429\ [€]}\ ;$$

zu ❻

$84\ \% = 546\ €$

$1\ \% = 6{,}5\ €$

$100\ \% = \underline{650\ €\ \text{(Selbstkostenpreis)}}$;

$$GW = \frac{PW \cdot 100}{p} = \frac{546 \cdot 100}{84} = \underline{650\ [€]}\ ;$$

Verlust in DM: $650 - 546 = \underline{104\ [€]}$;

zu ❼

$128\ \% = 704\ €$

$1\ \% = 5{,}5\ €$

$100\ \% = \underline{550\ €}\quad\text{(Selbstkostenpreis)}$;

$$GW = \frac{PW \cdot 100}{p} = \frac{704 \cdot 100}{128} = \underline{550\ [€]}\ ;$$

MAT

Übungsaufgaben zum Grundwert

❶ Berechne den Grundwert!

7 % = 315 €	9 % = 31,50 €	37 % = 94,35 €
1 % = _____	1 % = _____	1 % = _____
100 % = _____	100 % = _____	100 % = _____
24 % = 288 €	15 % = 112,50 €	8 % = 176,00 €
4 % = _____	5 % = _____	2 % = _____
100 % = _____	100 % = _____	100 % = _____
0,25 % = 1,50 €	2,5 % = 20,00 €	0,2 % = 0,50 €
1 % = _____	5 % = _____	1 % = _____
100 % = _____	100 % = _____	100 % = _____

❷ Berechne den Grundwert!

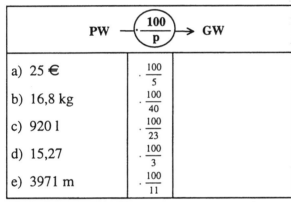

	PW $\cdot \frac{100}{p}$ → GW			GW $\cdot \frac{p}{100}$ → PW	
a) 25 €	$\cdot \frac{100}{5}$		f)	$\cdot \frac{3}{100}$	23,4 t
b) 16,8 kg	$\cdot \frac{100}{40}$		g)	$\cdot \frac{15}{100}$	115,5 kg
c) 920 l	$\cdot \frac{100}{23}$		h)	$\cdot \frac{23}{100}$	694,6
d) 15,27	$\cdot \frac{100}{3}$		i)	$\cdot \frac{31}{100}$	34 100 €
e) 3971 m	$\cdot \frac{100}{11}$		j)	$\cdot \frac{20}{100}$	18,7 cm

❸ Rechne mit Vorteil!

GW	→ $\cdot$ →	PW		GW	→ $\cdot$ →	PW
	25 %	140 kg			10 %	33,7 l
	$33\frac{1}{3}$ %	27,2 t			1 %	0,56 dm
	20 %	8450 €			50 %	2346 m²
	4 %	13,4			2 %	0,15 €

❹ Karls Vater hat eine schöne Briefmarkensammlung. Nach der Bewertung eines Kataloges hat sie im letzten Jahr um 6 % an Wert gewonnen. Dies entspricht einem Zuwachs von 68,10 €.

❺ Kaufmann Hubert musste einen Verlust von 16 % hinnehmen. Das waren 1441,60 €.

❻ Wenn Getreide trocken gelagert wird, verliert es ca. 3 % von seinem Gewicht. Ein Bauer stellte im März fest, dass er jetzt 52,2 Zentner weniger auf der Waage hatte als nach der Ernte.

❼ Messing ist eine Legierung und besteht aus ca. 65 % Kupfer, der Rest ist Zink. Für eine Legierung wird 339,5 kg Zink verwendet. Kannst du berechnen, wie viel Kilogramm Messing hergestellt werden?

MAT

Übungsaufgaben zum Grundwert

❶ Berechne den Grundwert!

7 % = 315 €	9 % = 31,50 €	37 % = 94,35 €
1 % = __45 €__	1 % = __3,50 €__	1 % = __2,55 €__
100 % = __4500 €__	100 % = __350 €__	100 % = __255 €__

24 % = 288 €	15 % = 112,50 €	8 % = 176,00 €
: 6	: 3	: 4
4 % = __48 €__	5 % = __37,50 €__	2 % = __44 €__
· 100	· 20	· 50
100 % = __4800 €__	100 % = __750 €__	100 % = __2200 €__

0,25 % = 1,50 €	2,5 % = 20,00 €	0,2 % = 0,50 €
· 4	· 2	· 5
1 % = __6 €__	5 % = __40 €__	1 % = __2,50 €__
· 100	· 20	· 100
100 % = __600 €__	100 % = __800 €__	100 % = __250 €__

❷ Berechne den Grundwert!

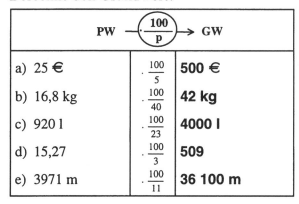

PW	$\cdot \frac{100}{p}$ →	GW		GW	$\cdot \frac{p}{100}$ →	PW
a) 25 €	$\cdot \frac{100}{5}$	**500 €**		a) **780 t**	$\cdot \frac{3}{100}$	23,4 t
b) 16,8 kg	$\cdot \frac{100}{40}$	**42 kg**		b) **770 kg**	$\cdot \frac{15}{100}$	115,5 kg
c) 920 l	$\cdot \frac{100}{23}$	**4000 l**		c) **3020**	$\cdot \frac{23}{100}$	694,6
d) 15,27	$\cdot \frac{100}{3}$	**509**		d) **110 000 €**	$\cdot \frac{31}{100}$	34 100 €
e) 3971 m	$\cdot \frac{100}{11}$	**36 100 m**		e) **93,5 cm**	$\cdot \frac{20}{100}$	18,7 cm

❸ Rechne mit Vorteil!

GW	→ · →		PW		GW	→ · →		PW
560 kg	25 %	· 4	140 kg		**337 l**	10 %	· 10	33,7 l
81,6 t	33 $\frac{1}{3}$ %	· 3	27,2 t		**56 dm**	1 %	· 100	0,56 dm
42 250	20 %	· 5	8450 €		**4692 m²**	50 %	· 2	2346 m²
335	4 %	· 25	13,4		**7,50 €**	2 %	· 50	0,15 €

❹ Karls Vater hat eine schöne Briefmarkensammlung. Nach der Bewertung eines Kataloges hat sie im letzten Jahr um 6 % an Wert gewonnen. Dies entspricht einem Zuwachs von 68,10 €.
Wert der Sammlung: 1135 €.

❺ Kaufmann Hubert musste einen Verlust von 16 % hinnehmen. Das waren 1441,60 €.
Wert der Ware: 9010 €.

❻ Wenn Getreide trocken gelagert wird, verliert es ca. 3 % von seinem Gewicht. Ein Bauer stellte im März fest, dass er jetzt 52,2 Zentner weniger auf der Waage hatte als nach der Ernte.
Gewicht nach der Lagerung: 1740 − 52,2 = 1687,8 Ztr.

❼ Messing ist eine Legierung und besteht aus ca. 65 % Kupfer, der Rest ist Zink. Für eine Legierung wird 339,5 kg Zink verwendet. Kannst du berechnen, wie viel Kilogramm Messing hergestellt werden? **339,5 : 35 · 100 = 970 kg Messing.**

THEMA
Wir rechnen mit Preiserhöhungen und Preissenkungen

LERNZIELE
- Preiserhöhungen berechnen können (Prozentwert)
- Gleich den Endwert berechnen können
- Operativ den alten Wert bzw. die Erhöhung in % berechnen können

ARBEITSMITTEL/MEDIEN/LITERATURHINWEISE
- Arbeitsblätter (2)
- Lösungen zu den Arbeitsblättern
- Folien
- Zeitungsartikel analoger Themenkreise

TAFELBILD/FOLIEN

Wir rechnen mit Preiserhöhungen und Preissenkungen

Ab 1. Januar
4,5 % Preiserhöhung
auf alle Modelle.

A	B	C
16 400,-- €	15 200,-- €	17 300,-- €

Ⓐ

$$100 \% = 16\ 400,-- €$$
$$1 \% = 164,-- €$$
$$104,5 \% = 164 \cdot 104,5 = \underline{17\ 138,--}\ [€]\ ;$$

alter Preis	100 %
alter Preis	100 %
neuer Preis	104,5 %

Erhöhung 4,5 %

$$PW = \frac{GW \cdot p}{100} \text{ oder } GW \cdot \frac{p}{100}$$
$$= \frac{16\ 400 \cdot 104,5}{100}$$
$$= \underline{17\ 138,--}\ [€]\ ;$$

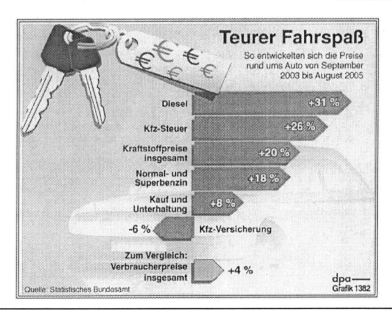

Stundenbild

I. Hinführung

	Graphik	Verbrauch und Preisentwicklung
Aussprache	TLP	L: Preisentwicklung bei Automobilen?

II. Problemstufe

Aussprache

Zielangabe	TA	**Wir berechnen Preiserhöhungen und Preissenkungen**
	Folie TLP	L: Autos - Preiserhöhung
Aufgabe		L/SS verbalisieren - Kosten eines Autos pro Monat etc.
		Wie teuer sind die Autos nach der Preiserhöhung?
		SS: Lösungsversuche (Erhöhung wird ausgerechnet und dann zum alten Preis addiert)

III. Lösungsstufe

		SS: tragen Lösungen vor.
Impuls		L: Einige haben elegant gerechnet.
Hilfestellung	Folie (AB 1)	Skizze: alter Preis
L/SS	Folie (AB 1)	Gemeinsame Lösung: Dreisatz - Operator (Formel)
	Block	SS: lösen Aufgaben B und C
L/SS Kontrolle		

IV. Ergebnisstufe

Eintrag	AB 1	

V. Operative Durcharbeitung

	Folie (AB 2)	"Berechne nun die entsprechenden Werte!"

VI. Transfer

		L: Nehmen wir an, die Preise würden um 4,5 % gesenkt.
	Folie (AB 2)	SS: Skizze Preissenkung

VII. Weiterarbeit

Hausaufgabe: Errechnen der ursprünglichen Verbraucherpreise (siehe Tafelbild)	AB 2	"Berechne die fehlenden Werte!"
		Vorarbeit: Erfragen der aktuellen Preise für die angeführten Lebensmittel

MAT

Wir rechnen mit Preiserhöhungen und Preissenkungen (1)

Ab 1. Januar
4,5 % Preiserhöhung
auf alle Modelle.

A	B	C
16 400,-- €	15 200,-- €	17 300,-- €

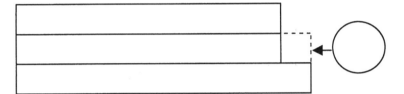

Erhöhung

(A)
$$\begin{aligned}
100 \ \% &= 16\,400,\text{--} \ € \\
1 \ \% &= 164,\text{--} \ € \\
104,5 \ \% &= 164 \cdot 104,5 \\
&= \underline{\hspace{3cm}}
\end{aligned}$$

$$PW = \frac{GW \cdot p}{100}$$

$$= \underline{\hspace{3cm}}$$

$$= \underline{\hspace{3cm}} \ [€] \ ;$$

Antwort: _____

(B)

Antwort: _____

(C)

Antwort: _____

MAT

<u>Wir rechnen mit Preiserhöhungen und Preissenkungen (1)</u>

A   **B**   **C**

Ab 1. Januar
4,5 % Preiserhöhung
auf alle Modelle.

| 16 400,-- € | 15 200,-- € | 17 300,-- € |

alter Preis	100 %
alter Preis	100 %
neuer Preis	104,5 %

◄─── 4,5 %   **Erhöhung**

(A)

$$
\begin{aligned}
100 \ \% &= 16\ 400,-- \ € \\
1 \ \% &= 164,-- \ € \\
104,5 \ \% &= 164 \cdot 104,5 \\
&= \underline{17\ 138,-- \ [€]} \ ;
\end{aligned}
$$

$$
\begin{aligned}
PW &= \frac{GW \cdot p}{100} \\
&= \frac{16\ 400 \cdot 104,5}{100} \\
&= \underline{17\ 138,-- \ [€]} \ ;
\end{aligned}
$$

Antwort: **Das Auto A kostet jetzt 17 138,-- €.**

(B)

$$
\begin{aligned}
100 \ \% &= 15\ 200,-- \ € \\
1 \ \% &= 152,-- \ € \\
104,5 \ \% &= 152 \cdot 104,5 \\
&= \underline{15\ 884,-- \ [€]} \ ;
\end{aligned}
$$

$$
PW = GW \cdot \frac{p}{100} \quad (PW = GW \cdot \frac{p}{100})
$$
$$
= 15\ 200 \cdot 1,045
$$
$$
= \underline{15\ 884,-- \ [€]} \ ;
$$

Antwort: **Das Auto B kostet jetzt 15 884,-- €.**

(C)

$$
\begin{aligned}
100 \ \% &= 17\ 300,-- \ € \\
1 \ \% &= 173,-- \ € \\
104,5 \ \% &= 173 \cdot 104,5 \\
&= \underline{18\ 078,50 \ [€]} \ ;
\end{aligned}
$$

$$
PW = GW \cdot \frac{p}{100} \quad (= Operator)
$$
$$
= 17\ 300 \cdot 1,045
$$
$$
= \underline{18\ 078,50 \ [€]} \ ;
$$

Antwort: **Das Auto C kostet jetzt 18 078,50 €.**

MAT

<u>Wir rechnen mit Preiserhöhungen und Preissenkungen (2)</u>

❶ Berechne nun die entsprechenden Werte!

Modell	Grundwert	Prozentsatz	Prozentwert
A	16 000,-- €		17 138,-- €
B		104,5 %	15 884,-- €
C	17 300,-- €	104,5 %	
	alter Preis	mit Erhöhung	neuer Preis

<u>Preissenkung (A)</u>

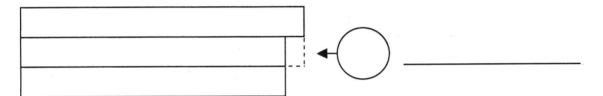

$$100\ \% = 16\,400,\!--\ €$$
$$1\ \% = 164,\!--\ €$$
$$95,5\ \% = 164,\!--\ €\ \cdot 95,5$$

$$PW = \frac{GW \cdot p}{100} = \frac{16\,400,\!--\ \cdot 95,5}{100}$$

oder

Ⓐ = _____

Ⓑ = _____

_____

Ⓒ = _____

_____

❷ Berechne die fehlenden Werte!

Modell	Grundwert	Prozentsatz	Prozentwert
A	20 500,-- €		18 040,-- €
B	38 200,-- €	93,5 %	
C		96 %	38 800,-- €
	alter Preis	mit Senkung	neuer Preis

MAT

Wir rechnen mit Preiserhöhungen und Preissenkungen (2)

❶ Berechne nun die entsprechenden Werte!

Modell	Grundwert	Prozentsatz	Prozentwert
A	16 000,-- €	**104,5 %**	17 138,-- €
B	**15 200,-- €**	104,5 %	15 884,-- €
C	17 300,-- €	104,5 %	**18 078,50 €**
	alter Preis	mit Erhöhung	neuer Preis

Preissenkung (A)

alter Preis	100 %
alter Preis	100 %
neuer Preis	95,5 %

◄ 4,5 %   Preissenkung

$$
\begin{aligned}
100 \ \% &= 16\,400,-- \ € \\
1 \ \% &= 164,-- \ € \\
95,5 \ \% &= 164,-- \ € \ \cdot 95,5
\end{aligned}
$$

$$PW = \frac{GW \cdot p}{100} = \frac{16\,400,-- \cdot 95,5}{100}$$

oder $PW = \dfrac{GW \cdot p}{100}$ (Operator)

$$= 16\,400 \cdot 0,955$$

Ⓐ = 15 662,-- [€] ;

Ⓑ = 152 · 95,5

14 516,-- [€] ;

Ⓒ = 173 · 95,5

16 521,50 [€] ;

❷ Berechne die fehlenden Werte!

Modell	Grundwert	Prozentsatz	Prozentwert
A	20 500,-- €	**88 %**	18 040,-- €
B	38 200,-- €	93,5 %	**35 717,-- €**
C	**40 416,67 €**	96 %	38 800,-- €
	alter Preis	mit Senkung	neuer Preis

THEMA
Wir rechnen mit Gewinn und Verlust

LERNZIELE
- Wissen, dass der Gewinn zum Einkaufspreis addiert, der Verlust vom Einkaufspreis subtrahiert wird
- Kaufmännische Kalkulation durchführen können
- Inversive Aufgaben stellen und lösen können

ARBEITSMITTEL/MEDIEN/LITERATURHINWEISE
- Arbeitsblätter (2)
- Lösungen zu den Arbeitsblättern
- Folien

TAFELBILD/FOLIEN
Wir rechnen mit Gewinn und Verlust

Übungsaufgaben

❶ Ein Fernsehgerät wurde um 972 € verkauft. Der Händler erzielte dabei 35 % Gewinn. Wie hoch war der Selbstkostenpreis?

❷ 2,75 Doppelzentner Kirschen wurden mit 925,80 Selbstkosten gekauft und mit 9 % Verlust verkauft. Wie viel kostete ein halbes Kilogramm Kirschen im Verkauf, wenn der Händler noch 7 % Mehrwertsteuer aufschlägt?

❸ Ein Fernsehgerät steht in einem Fachgeschäft wegen eines Lackfehlers am Gehäuse zum Verkauf an. Der Händler, der mit 15 % Unkosten rechnet, hat das Gerät für 2950 € vom Werk bezogen und will es mit 35 % Verlust verkaufen. Die Mehrwertsteuer von 16 % rechnet er allerdings mit ein.

❹ Berechne den End- bzw. Barzahlungspreis!
a) Bezugspreis: 500 € ; Unkosten 20 %; Verlust 15 %; MwSt. 16 %.
b) Bezugspreis: 430 € ; Unkosten 41 € ; Verlust 15 %; MwSt. 16 %.
c) Selbstkostenpreis: 640 € ; Verlust 30 %; MwSt. 7 %.
d) Selbstkostenpreis: 6150 € ; Gewinn 12 %; MwSt. 16 %; Skonto 3%.

Lösungen

zu ❶ $972 \cdot \dfrac{100}{135} = \underline{720,\text{--}}\ [€]$;

zu ❷ a) $925,80 \cdot \dfrac{91}{100} = \underline{842,48}\ [€]$;

b) $842,48 \cdot \dfrac{107}{100} = \underline{901,45}\ [€]$;

c) $2,75\ [dz] = 275\ [kg] = \dfrac{550}{2}\ [kg]$;

$901,45 : 550 = 1,639\ [€] = \underline{1,64}\ [€]$;

zu ❸ a) $2950,\text{--} \cdot \dfrac{115}{100} = \underline{3392,50}\ [€]$;

b) $3392,50 \cdot \dfrac{65}{100} = \underline{2205,13}\ [€]$;

c) $2205,13 \cdot \dfrac{116}{100} = \underline{2557,95}\ [€]$;

zu ❹ a) 600,-- € (SK) ;   510,-- € (VK) ;   591,60 (Endpreis) ;
b) 471,-- € (SK) ;   400,35 € (VK) ;   464,41 (Endpreis) ;
c) 448,-- € (VK) ;   479,36 € (Endpreis) ;
d) 6888,-- € (VK) ;   7990,08 € (Endpreis) ;   7750,38 € (Barzahlungspreis) ;

Stundenbild

I. Hinführung

LSG

GW	120 kg	250 km	120 l	990 €	1200 St.	812 m²	128 ha
p	$33\frac{1}{3}$		12,5		5		37,5
PW		50 km		660 €		609 m²	

II. Problemsituation

LSG   AB 1 (S. 87)   SS: Ein Händler kauft einen Fernseher vom Hersteller ...

Zsf.   TA   Klären der Sachsituation, Begriffe

Zielangabe   TA | **Wir rechnen mit Gewinn und Verlust** |

III. Lösungsstufe

Eigenversuche   Block

LSG   Folie 1   Linke Spalte (Bezugspreis) aufdecken

SS: verbalisieren

Provokation   L: Eine simple Rechnung:

15 % + 30 % + 15 % = 60 %

LSG   TA   Lösungsstrategie:

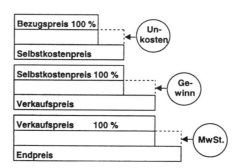

PA   Block   SS: lösen (im Dreisatz bzw. mit Operator)

LSG   AB 1 (S. 87)   Lösung eintragen

"Elegante Lösung":

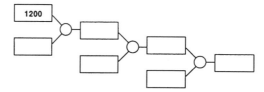

LSG   Addition von Unkosten / Gewinn / Mehrwertsteuer ist falsch!

Keine Berücksichtigung des immer größer werdenden Grundwertes!!

IV. Operative Durcharbeitung

Rechenplan vervollständigen

Text umformulieren und rechnen

V. Transfer

AB 2 (S. 89)

VI. Übung

AB 1 (S. 87)   Verlustrechnung

MAT

Wir rechnen mit Gewinn und Verlust (1)

Ein Händler kauft Fernseher vom Hersteller und kalkuliert folgendermaßen:

Bezugspreis	1200 €
Unkosten	15 %
Gewinn	25 %
Mehrwertsteuer	16 %

❶ Stufenlösung:

❷ "Elegante Lösung":

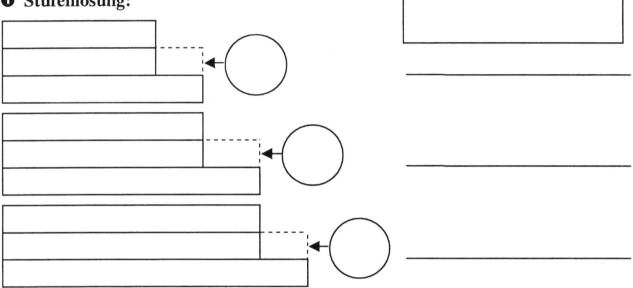

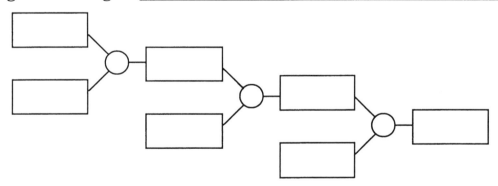

	Einkaufspreis	Gewinn in %	Gewinn in €	Verkaufspreis
Radiogerät		25	113,--	565,--
Küchenmaschine	89 €		17,80	106,80
Kühlschrank		22		527,04
Fernsehapparat	1072 €		160,80	
Kühltruhe		20		1022,40

MAT

Wir rechnen mit Gewinn und Verlust (1)

Ein Händler kauft Fernseher vom Hersteller und kalkuliert folgendermaßen:

Bezugspreis	1200	€
Unkosten	15	%
Gewinn	25	%
Mehrwertsteuer	16	%

Wie teuer ist ein Fernsehgerät im Verkauf?

❶ Stufenlösung:

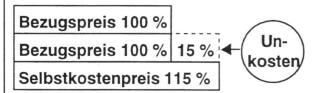

Bezugspreis 100 %
Bezugspreis 100 %	15 %
Selbstkostenpreis 115 %

Un-kosten

Selbstkostenpreis 100 %
Selbstkostenpreis 100 %	25 %
Verkaufspreis 125 %

Ge-winn

Verkaufspreis 100 %
Verkaufspreis 100 %	16 %
Endpreis 115 %

MwSt.

$$PW = GW \cdot \frac{p}{100}$$

1200 · 1,15 = 1380 [€] ;

1380 · 1,25 = 1725 [€] ;

1725 · 1,16 = 2001 [€] ;

❷ "Elegante Lösung": 1200 · 1,15 · 1,25 · 1,16 = 2001 [€] ;

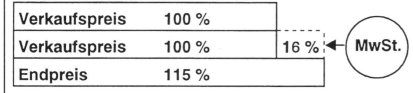

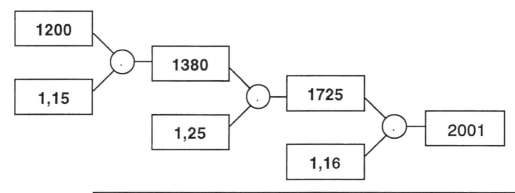

	Einkaufspreis	Gewinn in %	Gewinn in €	Verkaufspreis
Radiogerät	**452 €**	25	113,--	565,--
Küchenmaschine	89 €	**20**	17,80	106,80
Kühlschrank	**432 €**	22	**95,04**	527,04
Fernsehapparat	1072 €	**15**	160,80	**1232,80**
Kühltruhe	**852 €**	20	**170,40**	1022,40

MAT

Wir rechnen mit Gewinn und Verlust (2)

Der Fernseher ist durch den Transport am Gehäuse leicht beschädigt worden. Der Händler muss die Ware billiger abgeben. Er rechnet mit 10 % Verlust und gibt bei Barzahlung 2 % Skonto.

❶ Stufenlösung:

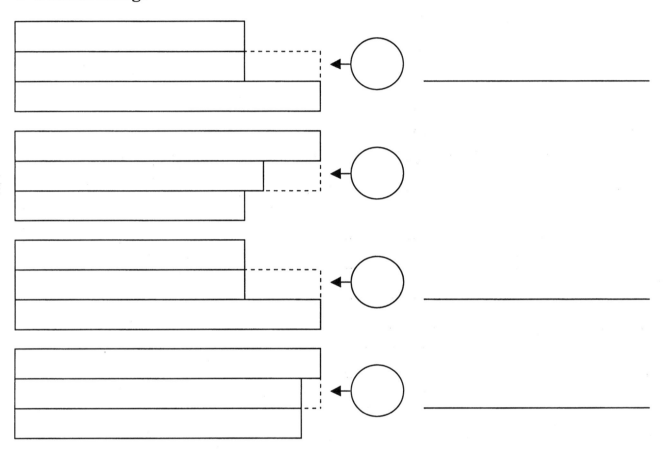

❷ "Elegante Lösung":

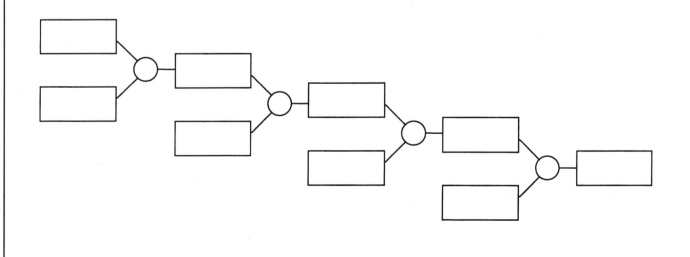

MAT

Wir rechnen mit Gewinn und Verlust (2)

Der Fernseher ist durch den Transport am Gehäuse leicht beschädigt worden. Der Händler muss die Ware billiger abgeben. Er rechnet mit 10 % Verlust und gibt bei Barzahlung 2 % Skonto.

❶ Stufenlösung:

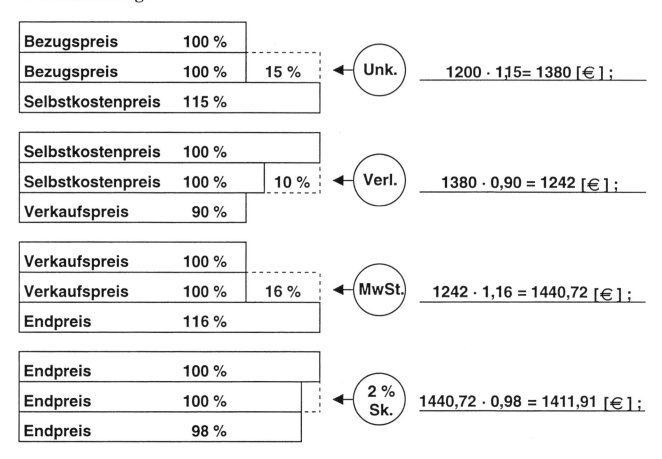

Bezugspreis	100 %			
Bezugspreis	100 %	15 %	← Unk.	$1200 \cdot 1{,}15 = 1380\ [\text{€}]$;
Selbstkostenpreis	115 %			

Selbstkostenpreis	100 %			
Selbstkostenpreis	100 %	10 %	← Verl.	$1380 \cdot 0{,}90 = 1242\ [\text{€}]$;
Verkaufspreis	90 %			

Verkaufspreis	100 %			
Verkaufspreis	100 %	16 %	← MwSt.	$1242 \cdot 1{,}16 = 1440{,}72\ [\text{€}]$;
Endpreis	116 %			

Endpreis	100 %			
Endpreis	100 %		← 2 % Sk.	$1440{,}72 \cdot 0{,}98 = 1411{,}91\ [\text{€}]$;
Endpreis	98 %			

❷ "Elegante Lösung":

$1200 \cdot 1{,}15 \cdot 0{,}90 \cdot 1{,}16 \cdot 0{,}98 = 1411{,}91\ [\text{€}]$;

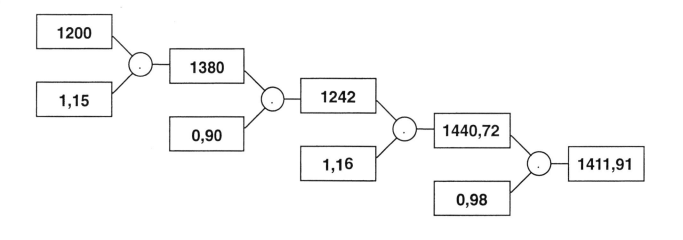

THEMA

Wir rechnen mit Rabatt und Skonto

LERNZIELE

- Die Begriffe Rabatt und Skonto an konkreten Beispielen erklären können
- Wissen, dass Rabatt und Skonto vom Preis abgezogen werden
- Erkennen, dass bei Rabatt und Skonto von zwei verschiedenen Grundwerten ausgegangen wird
- Auf den ursprünglichen Preis zurückrechnen können (Prinzip der Inversion)

ARBEITSMITTEL/MEDIEN/LITERATURHINWEISE

- Arbeitsblätter (2)
- Lösungen zu den Arbeitsblättern
- Folien
- Zeitungsartikel (WSV, SSV, Ausverkauf etc.)

TAFELBILD/FOLIEN

Wir rechnen mit Rabatt und Skonto

Arten von Preisnachlässen:

❶ Mengenrabatt

❷ Treuerabatt

❸ Sonderrabatt (WSV, SSV)

❹ Barzahlungsrabatt (= Skonto: 2 %)

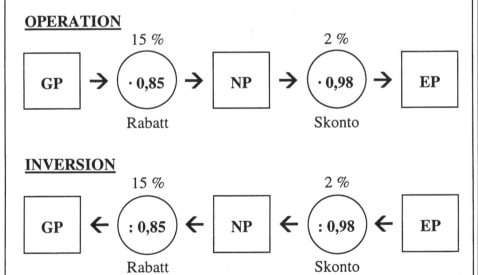

Stundenbild

I. Rechenfertigkeitsübungen

Kopfrechnen   Folie TLP

Grundwert	160	120			40
Prozentwert			25	16	10
Prozentsatz	25	30	5	4	

II. Problemstufe

L/SS   TLP   Sachsituation - Einkauf von Kopfhörern

(sh. AB 1)

SS: sprechen über die Situation
      Wer kauft am günstigsten ein?

Zielangabe   TA

Wir rechnen mit Rabatt und Skonto

III. Problemlösung

AB 1

1. Klären der Begriffe

L: - Rabatt, Skonto

SS: - Verschiedene Grundwerte

Eigenvers.
L/SS   TA
           AB 1

2. Lösung

Gemeinsamer Eintrag

SS: Wiederholen des Lösungsweges

AB 1   Rechenplan zeichnen

IV. Wertung

Arten von Preisnachlässen:
- Mengenrabatt
- Treuerabatt
- Sonderrabatt (WSV/SSV)
- Barzahlungsrabatt (= Skonto: 2 %)

LSG   Geschäfte locken mit Rabatt/Skonto die Kunden.

Transfer: Beispiele   (TLP)   Vorheriges kritisches Überlegen ist notwendig.
aus Zeitungen

V. Operative Durcharbeitung

TA   Operation und Inversion
(Graphische Darstellung)

VI. Vertiefung/Weiterführende Übungen

TLP
SS setzen ein   AB 2   "Berechne die fehlenden Werte!"

MAT

Wir rechnen mit Rabatt und Skonto (1)

Dieter kauft für seine Klasse 10 Kopfhörer ein
(€ 78,--).
Er bekommt Mengenrabatt (15 %) und zahlt sofort
(2 % Skonto).

Rabatt: 15 % von _____

Skonto: 2 % von _____

Jeder zahlt _____

Grundpreis (Brutto)	100 %

Berechne nun die fehlenden Werte!

Preisangabe	240,--	195,50	188,--	196,--	
Nachlass	3 %	20 %			15 %
Endpreis			150,40	147,--	78,20

MAT

Wir rechnen mit Rabatt und Skonto (1)

Dieter kauft für seine Klasse 10 Kopfhörer ein (€ 78,--).
Er bekommt Mengenrabatt (15 %) und zahlt sofort (2 % Skonto).

Rabatt: 15 % von **78 € = 11,70 €** ; **78 – 11,70 = 66,30 €** ;

Skonto: 2 % von **66,30 € = 1,326 € = 1,33 € ; 66,30 - 1,33 = 64,97 €** ;

Jeder zahlt **für seinen Kopfhörer 64,97 €**

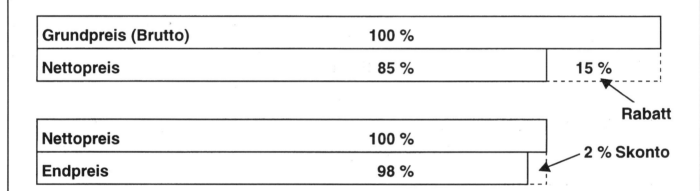

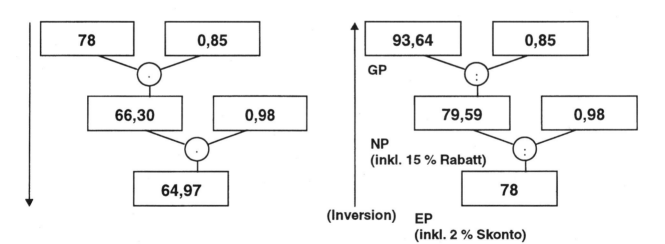

Berechne nun die fehlenden Werte!

Preisangabe	240,--	195,50	188,--	196,--	**92,--**
Nachlass	3 %	20 %	**20 %**	**25 %**	15 %
Endpreis	**232,80**	**156,40**	150,40	147,--	78,20

MAT

Wir rechnen mit Rabatt und Skonto (2)

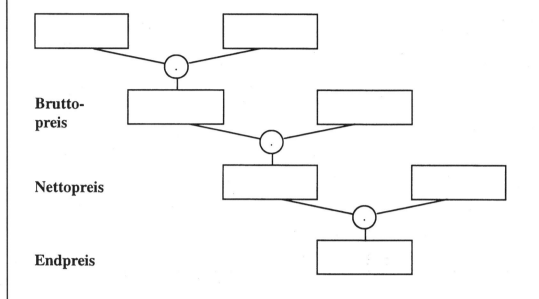

**Brutto-
preis**

Nettopreis

Endpreis

Lehrer Schrankl kauft 8 Computer zum Preis von je 2 580,-- € ein. Er bekommt vom Händler 22 % Schulrabatt. Bei Zahlung innerhalb von 14 Tagen sind noch 2 % Skonto zu berücksichtigen. Endpreis?

Bruttopreis: _____

Nettopreis: _____

Endpreis: _____

oder:

_____

Berechne nun die fehlenden Werte!

	a	b	c
Preis/Computer	3500,-- €		5200,-- €
Anzahl	6	5	
Bruttopreis		22 500,-- €	41 600,-- €
Rabatt	20 %		22 %
Nettopreis		19 125,-- €	
Skonto	2 %	2 %	
Endpreis			31 474,56 €

MAT

Wir rechnen mit Rabatt und Skonto (2)

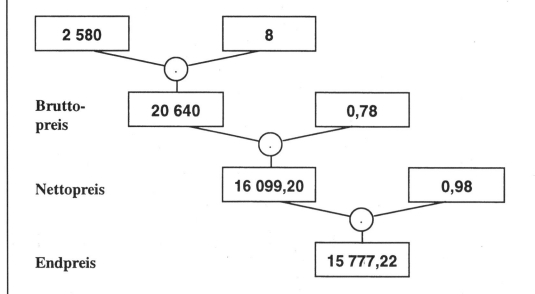

Lehrer Schrankl kauft 8 Computer zum Preis von je 2 580,-- € ein. Er bekommt vom Händler 22 % Schulrabatt. Bei Zahlung innerhalb von 14 Tagen sind noch 2 % Skonto zu berücksichtigen. Endpreis?

Bruttopreis: 2580 · 8 = 20 640 [€] ;

Nettopreis: 20 640 · 0,78 = 16 099,20 [€] ;

Endpreis: 16 099,20 · 0,98 = 15 777,22 [€] ;

oder:

Jeweils die 22 % bzw. 2 % berechnen und subtrahieren

Berechne nun die fehlenden Werte!

	a	b	c
Preis/Computer	3500,-- €	**4500,-- €**	5200,-- €
Anzahl	6	5	**8**
Bruttopreis	**21 000,-- €**	22 500,-- €	41 600,-- €
Rabatt	20 %	**15 %**	22 %
Nettopreis	**16 800,-- €**	19 125,-- €	**32 448,-- €**
Skonto	2 %	2 %	**3 %**
Endpreis	**16 464,-- €**	**18 742,50 €**	31 474,56 €

THEMA

Wir rechnen mit Brutto und Netto

LERNZIELE

- Kaufmännische Begriffe wie Brutto, Netto und Tara kennen lernen
- Fähig sein, die Beziehungen dieser Begriffe zueinander zu verstehen
- Operativ die verschiedenen Werte berechnen und Sachaufgaben lösen können

---

ARBEITSMITTEL/MEDIEN/LITERATURHINWEISE

- Arbeitsblätter (2)
- Lösungen zu den Arbeitsblättern
- Folien

TAFELBILD/FOLIEN

Wir rechnen mit Brutto und Netto

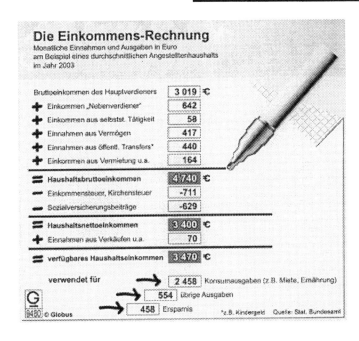

Bruttoverdienst		

- Lohnsteuer
- Kirchensteuer
- Sozialversicherungen
  * Krankenversicherung
  * Rentenversicherung
  * Arbeitslosenversicherung
- _____

Nettoverdienst		

Eine Kiste Konserven

Konserven

Die leere Kiste

50 kg	45 kg	5 kg
Brutto =	**Netto** +	**Tara**

Stundenbild

I. Hinführung

     (Kopfrechnen)   TLP

alter Preis	%	100		
	€	250	45	
Erhöhung	%	12		8
	€			
neuer Preis	%			
	€		46,35	69,12
alter Preis	%			
	€	70	980	
Preisnachlass	%			8
	€			
neuer Preis	%		75	
	€			418

II. Problemphase

             TLP Folie   L: Sachsituation: Franz kauft Konserven

                           SS: leise durchlesen

     LSG   Klären der Sachsituation

     Problemfrage: Wurde Franz übervorteilt?

Zielangabe   TA

Wir rechnen mit Brutto und Netto

III. Problemlösung

     PA   Überlegen - warum?

                           SS: Kiste wurde mitgerechnet.

     LSG   TA   Kiste + Obst = Bruttogewicht

                                  Obst = Nettogewicht

                         Kiste   = Tara

IV. Anwendung

             AB (S. 101)   SS: Operatives Berechnen

             AB (S. 101)   SS: Sachaufgabe: Brutto-/Nettogehalt

V. Vertiefung/Ausweitung

     LSG   Bruttoregistertonne klären

                             Suchen weiterer Begriffe

     STA   AB   Berechne die fehlenden Werte!

     Zsf.   TLP Folie

     LSG   AB   Aufgabe

     Kontrolle   TLP Folie

MAT

Wir rechnen mit Brutto und Netto

❶

Eine Kiste Konserven

Konserven

Die leere Kiste

50 kg   45 kg   5 kg

_____ = _____ + _____

❷ Berechne die fehlenden Werte!

		a	b	c	d
BRUTTO	kg	235			92,5
	%				
TARA	kg		0,264		
	%	15	8	4,5	18,6
NETTO	kg			573	
	%				

❸ Berechne die fehlenden Werte!

Franz kauft 1 Kiste Obst zu € 19,80. Zu Hause wiegt er nach und stellt fest, dass er 10 kg bekommen hat.

Rechnung: _____

Antwort: _____

❹ Aufgabe:

Eine Druckmaschine wird für den Versand verpackt. Das Gewicht der Verpackung kommt auf 245 kg und beträgt 5 % des Gewichtes der Maschine. Berechne sowohl das Gewicht der Maschine als auch das Gesamtgewicht!

MAT

Wir rechnen mit Brutto und Netto

❶

Eine Kiste Konserven

Konserven

Die leere Kiste

50 kg		45 kg		5 kg
Brutto	**=**	**Netto**	**+**	**Tara**

❷ **Berechne die fehlenden Werte!**

		a	b	c	d
BRUTTO	kg	235	**3,3**	**600**	92,5
	%	**100**	**100**	**100**	**100**
TARA	kg	**35,25**	0,264	**27**	**17,205**
	%	15	8	4,5	18,6
NETTO	kg	**199,75**	**3,036**	573	**75,295**
	%	**85**	**92**	**95,5**	**81,4**

zu a) 235 · 0,15 = <u>35,25 [kg]</u> ;   **zu c)** 573 : 0,955 = <u>600 [kg]</u> ;
zu b) 0,264 : 0,08 = <u>3,3 [kg]</u> ;   600 · 0,045 = <u>27 [kg]</u> ;
          3,3 · 0,92 = <u>3,036 [kg]</u> ;   **zu d)** 92,5 · 0,186 = <u>17,205 [kg]</u> ;
                                        92,5 · 0,814 = <u>75,295 [kg]</u> ;

❸ **Berechne die fehlenden Werte!**

Franz kauft 1 Kiste Obst zu € 19,80. Zu Hause wiegt er nach und stellt fest, dass er 10 kg bekommen hat.

Rechnung: <u>Obst: 19,80 [€] : 2,20 [€/kg] = 9 [kg];</u>

Antwort: <u>Er hat 9 kg Obst gekauft, 1 kg wog die Kiste.</u>

❹ **Aufgabe:**

Eine Druckmaschine wird für den Versand verpackt. Das Gewicht der Verpackung kommt auf 245 kg und beträgt 5 % des Gewichtes der Maschine. Berechne sowohl das Gewicht der Maschine als auch das Gesamtgewicht!

Gesamtgewicht: 245 : 0,05 = <u>4900 [kg]</u> ;   oder: 5 % =   245 kg
                                                1 % =   49 kg
                                            100 % = 4900 kg

Maschinengewicht: 4900 − 245 = <u>4655 [kg]</u> ;   oder: 4900 · 0,95 = <u>4655 [kg]</u> ;

THEMA
Terme: Wir lernen wichtige Grundregeln kennen

LERNZIELE

- Kennenlernen der beiden Arten von Termen
- Fähigkeit erwerben, Terme nach bestimmten Gesetzmäßigkeiten umzuformen
- Regeln mit Hilfe von Graphiken durchschaubar machen
- Anwendung des Regelwissens bei Übungsaufgaben

ARBEITSMITTEL/MEDIEN/LITERATURHINWEISE

- Arbeitsblatt (Übersicht über die Regeln)
- Arbeitsblätter (6)
- Lösungen zu den Arbeitsblättern
- Folien

TAFELBILD/FOLIEN

Terme: Wir lernen wichtige Grundregeln kennen

Arten von Termen

① $14y - 4 \cdot 2y + 6y : 3$
② $16 : 4 + y$
③ $6x - 8 - x$
④ $10 + (8 - 6)$
⑤ $8 \cdot 14 + 18$
⑥ $2x + 6x + 8x - 14$
⑦ $2 \cdot 3 \cdot 4x$
⑧ $5a - (6a + 5a - 4a) - 3$

Umformung von Termen

❶ Punktrechnung vor Strichrechnung
❷ Klammern werden zuerst ausgerechnet
❸ Gleiche Variable müssen zusammengefasst werden
❹ Bei der Addition und Multiplikation können Glieder vertauscht werden, der Wert bleibt gleich
❺ Bruchterme können mit Zahlen oder Variablen gekürzt bzw. erweitert werden
❻ Verteilungsgesetz (Auflösung von Klammern)

Übungsaufgaben

① $140 - 28 \cdot 3 + 14 \cdot 7 =$
② $245 + 5 \cdot 120 - 20 : 4 =$
③ $448 - 900 : 5 + 66 \cdot 15 + 81 =$
④ $98 - (44 + 3 \cdot 7) + 814 =$
⑤ $315 - 6 (98 - 84 : 4 + 5) + 180 =$
⑥ $8 (42 + 12 \cdot 5 - 225 : 5) - 6 (13 - 90 : 18) =$
⑦ $196 : 14 - 28 (361 : 19 - 16) + 4 (48 - 13) =$
⑧ $505 - 5 (76 - 88 : 4 - 50 : 2) + 312 =$
⑨ $6 (38 - 70 : 5 - 5) + 7 (105 - 15 \cdot 6) - 12 =$
⑩ $14 - 3 (88 : 2 - 41 \cdot 5 + 200) + 15 \cdot 104 =$

Stundenbild

I. Hinführung

Stummer Impuls	TA (siehe Tafelbild)	8 Terme
Aussprache		Gemeinsamkeiten/Unterschiede Terme/Rechenausdrücke

Zielangabe   TA

Wir lernen wichtige Grundregeln kennen

II. Erarbeitung

1. Teilziel:

LSG

TA

SS ordnen 8 Terme richtig zu (2 Zahlenterme; 6 Terme mit Variablen)

Arten von Termen

Wir unterscheiden zwei Arten von Termen
1. Zahlenterme (nur Zahlen)
2. Terme mit Variablen (Zahlen und Platzhalter)

2. Teilziel:

Umformung von Termen

L: Will man Terme mit Variablen umformen, gelten bestimmte Regeln.

LSG

Regeln als   WK

1. **Punktrechnung vor Strichrechnung**

   z.B.: $14x - \underbrace{6 \cdot 2x}_{12x} + \underbrace{6x : 2}_{3x} =$
   $14x - 12x + 3x = \underline{5x}\,;$

2. **Klammern werden zuerst ausgerechnet**

   Vorzeichenregel

   a) Steht <u>vor</u> der Klammer ein Pluszeichen ("+"), so kann die Klammer <u>weggelassen</u> werden!

   $\downarrow$

   z.B.: $5x \;\textcircled{+}\; (3x + 8 - 2x + 7) - 2x =$
   $5x \;+\; 3x + 8 - 2x + 7 - 2x =$

   b) Steht <u>vor</u> der Klammer ein Minuszeichen ("–"), so werden die Zeichen Plus und Minus in der Klammer in das Gegenteil verkehrt, aus "+" wird "–" und aus "–" wird "+".

   $\downarrow$

   z.B.: $4x \;\textcircled{-}\; (2x + 9 - 5x - 7) + 2 =$
   $4x \;-\; 2x - 9 + 5x + 7 + 2 = \underline{7x - 14}\,;$

3. **Gleiche Variable müssen zusammengefasst werden**

   z.B.: $2x + 5 + 8x - 2 = \underline{10x + 3}\,;$

4. **Bei der <u>Addition</u> und <u>Multiplikation</u> können Glieder vertauscht werden, der Wert bleibt gleich**

   z.B.: $\left.\begin{array}{l} 2x - 6 + x \\ x + 2x - 6 \end{array}\right\} \underline{3x - 6}\,; \qquad \left.\begin{array}{l} 5 \cdot 3 \cdot 2x \\ 2x \cdot 5 \cdot 3 \end{array}\right\} \underline{30x}\,;$

5. Bruchterme können mit Zahlen oder Variablen gekürzt bzw. erweitert werden

a) Kürzen:

z.B. $\dfrac{20x}{50y}$ $\;(:10)\Rightarrow\; \dfrac{2x}{5y}$; $\qquad \dfrac{13x}{16x}$ $\;(:x)\Rightarrow\; \dfrac{13}{16}$;

b) Erweitern:

z.B. $\dfrac{3x}{4y}$ $\;(\cdot 4)\Rightarrow\; \dfrac{12x}{16y}$; $\qquad \dfrac{2}{3}$ $\;(\cdot x)\Rightarrow\; \dfrac{2x}{3x}$;

6. Verteilungsgesetz (Auflösen von Klammern)

Wird eine Zahl oder Variable mit einer Klammer multipliziert, muss man <u>jedes Glied in der Klammer</u> mit der Zahl oder Variablen vor bzw. hinter der Klammer multiplizieren.

<u>Beachte die Vorzeichenregel!</u>

a) "Plus" vor der Klammer

z.B. $(+5)\cdot(\,(x)\,(+2)\,) = \qquad +5\,(x-2) =$

$\quad +5x + 5\cdot 2 = \underline{5x+10}\,; \qquad +5x - 5\cdot 2 = \underline{5x-10}\,;$

Vorzeichenregel:

$+ \cdot + = +$
$+ \cdot - = -$

b) "Minus" vor der Klammer:

z.B. $(-2)\cdot(\,(3x)\,(+5)\,) \;=$

$\quad -2\cdot 3x - 2\cdot 5 = \underline{-6x-10}\,;$

$\quad -2\cdot(3x-5) =$

$\quad -2\cdot 3x + 2\cdot 5 = \underline{-6x+10}\,;$

Vorzeichenregel:

$- \cdot + = -$
$- \cdot - = +$

Eintrag der 6 Regeln mit Beispielen (siehe Vorlage: Übersicht Grundregeln) — Heft/Block

III. Sicherung/Vertiefung

IV. Anwendung

MAT

Wir lernen wichtige Grundregeln kennen (Übersicht)

❶ Arten von Termen

① **Zahlenterme (nur Zahlen)**

$10 + (8 - 6)$

$8 \cdot 14 + 18$

② **Terme mit Variablen (Zahlen und Platzhalter)**

$5a - (6a + 5a - 4a) - 3$

$6x - 8 - x$

$2x - 6x + 8x - 14$

$2 \cdot 3 \cdot 4x$

$16 : 4 + y$

$14y - 4 \cdot 2y + 6y : 3$

❷ Umformung von Termen

① **Punktrechnung vor Strichrechnung!**

② **Klammern werden zuerst ausgerechnet!**

Vorzeichenregel:

a. Steht vor der Klammer ein Pluszeichen ("+"), so kann die Klammer weggelassen werden!

b. Steht vor der Klammer ein Minuszeichen ("−"), so werden die Zeichen Plus und Minus in der Klammer in das Gegenteil verkehrt, aus "+" wird "−" und aus "−" wird "+"!

③ **Gleiche Variable müssen zusammengefasst werden!**

④ **Bei der *Addition* und *Multiplikation* können Glieder vertauscht werden, der Wert bleibt gleich.**

⑤ **Bruchterme können mit Zahlen oder Variablen gekürzt bzw. erweitert werden.**

⑥ **Verteilungsgesetz (Auflösung von Klammern)**

Wird eine Zahl oder Variable mit einer Klammer multipliziert, muss man *jedes Glied in der Klammer* mit der Zahl oder Variablen vor bzw. hinter der Klammer multiplizieren!

- **"Plus" vor der Klammer:**

+	·	+	=	+
+	·	−	=	−

- **"Minus" vor der Klammer:**

−	·	+	=	−
−	·	−	=	+

MAT		

Negative Zahlen (1)

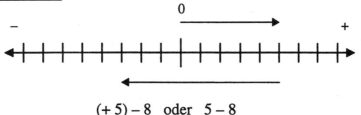

$$(+5) - 8 \quad \text{oder} \quad 5 - 8$$

Zählt man von einer gegebenen Zahl (natürliche Zahl) rückwärts über die Null hinaus, so gelangt man in den Bereich der _____ Zahlen. Diese werden durch ein davorgesetztes _____ gekennzeichnet.

> Das Vorzeichen kennzeichnet die Art (Zustand) der betreffenden Zahl
>
> (_____ oder _____).
>
> Es darf nicht mit dem _____ (Operationszeichen) verwechselt
>
> werden. Mit dem Letzteren ist immer eine Operation (Handlung) verbunden.

❶ Addition:

- **Negative Zahlen:** $\quad\quad\quad\quad (-3) + (-4) =$

> Allgemein:

- **Negative und positive Zahlen:** $\quad\quad (-8) + (+3) =$
  $(-2) + (+6) =$
  $(-4) + (+4) =$

> Allgemein:

❷ Subtraktion:

- **Negative Zahlen:** $\quad\quad\quad\quad (-5) - (-8) =$
  $(-9) - (-7) =$

> Allgemein:

- **Negative und positive Zahlen:** $\quad\quad (-7) - (+4) =$
  $(+5) - (-3) =$

> Allgemein:

MAT

Negative Zahlen (1)

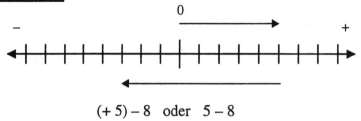

$$(+\,5) - 8 \quad \text{oder} \quad 5 - 8$$

Zählt man von einer gegebenen Zahl (natürliche Zahl) rückwärts über die Null hinaus, so gelangt man in den Bereich der **negativen** Zahlen. Diese werden durch ein davorgesetztes **Minuszeichen** gekennzeichnet.

> Das Vorzeichen kennzeichnet die Art (Zustand) der betreffenden Zahl
> (**positiv** oder **negativ**).
> Es darf nicht mit dem **Rechenzeichen** (Operationszeichen) verwechselt werden. Mit dem Letzteren ist immer eine Operation (Handlung) verbunden.

❶ Addition:

- **Negative Zahlen:** $(-\,3) + (-\,4) = \mathbf{(-\,7)}$

  Allgemein:
  $$\mathbf{(-\,a) + (-\,b) \; = \; -\,(a + b\,)}$$

- **Negative und positive Zahlen:**
  $(-\,8) + (+\,3) = \mathbf{(-\,5)}$
  $(-\,2) + (+\,6) = \mathbf{(+\,4)}$
  $(-\,4) + (+\,4) = \mathbf{0}$

  Allgemein:
  $$\mathbf{(-\,a) + (+\,b) \; = \; -\,a + b}$$
  $$\mathbf{= \; (+)\,b - a}$$

❷ Subtraktion:

- **Negative Zahlen:**
  $(-\,5) - (-\,8) = \mathbf{(-\,5) + 8 = 3}$
  $(-\,9) - (-\,7) = \mathbf{(-\,9) + 7 = (-\,2)}$

  Allgemein:
  $$\mathbf{(-\,a) - (-\,b) \; = \; -\,a + b}$$
  $$\mathbf{= \; (+)\,b - a}$$

- **Negative und positive Zahlen:**
  $(-\,7) - (+\,4) = \mathbf{(-\,7) - 4 = (-\,11)}$
  $(+\,5) - (-\,3) = \mathbf{(+\,5) + 3 = 8}$

  Allgemein:
  $$\mathbf{(-\,a) - (+\,b) \; = \; -\,a - b}$$
  $$\mathbf{= \; -\,(a + b)}$$

MAT

Negative Zahlen (2)

❸ Multiplikation:

- **Negative Zahlen:** $\qquad\qquad\qquad$ $(-6) \cdot (-9) =$

- **Positive Zahlen:** $\qquad\qquad\qquad$ $(+6) \cdot (+9) =$

> Allgemein:

- **Negative und positive Zahlen:** $\qquad$ $(-4) \cdot (+7) =$
  $(+4) \cdot (-7) = \cdot$

> Allgemein:

❹ Division:

- **Negative Zahlen:** $\qquad\qquad\qquad$ $(-24) : (-6) =$

> Allgemein:

- **Negative und positive Zahlen:** $\qquad$ $(+12) : (+3) =$

  $(-12) : (-3) =$

> Allgemein:

Übungsaufgaben:

$(+7) - 9$	$(+23) - 67$	$(+17) - 56$
$(+9) - 17$	$45 - 178$	$67 - 234$
$(-6) + 12$	$(-23) - 67$	$(-89) + 34$
$(-9) + 78$	$(-69) + 19,7 - 8$	$(-45) - 57$
$(-23) - 14$	$(-13,5) - 56 + 89$	$(-0,67) + 3,47$
$(-67) - 56$	$(+89) - 678 + 76$	$(-1,89) - 2,56$
		$34,5 - 56 - 67 + 9$
		$89,8 - 234 + 19,75$
		$(-56) + 28 - 14 + 7$
		$(-78) - 78 + 56,5 - 45,4 + 23,8$

MAT		

Negative Zahlen (2)

❸ Multiplikation:

- **Negative Zahlen:** $\qquad (-6) \cdot (-9) = +\,54$

- **Positive Zahlen:** $\qquad (+6) \cdot (+9) = +\,54$

Allgemein:	$\begin{array}{ccccc} + & \cdot & + & = & + \\ - & \cdot & - & = & + \end{array}$
	$(-\,a) \cdot (-\,b) = a \cdot b$

- **Negative und positive Zahlen:** $\qquad \begin{aligned} (-4) \cdot (+7) &= -\,28 \\ (+4) \cdot (-7) &= -\,28 \end{aligned}$

Allgemein:	$\begin{array}{ccccc} - & \cdot & + & = & - \\ + & \cdot & - & = & - \end{array}$
	$(-\,a) \cdot (+\,b) = -\,(a \cdot b)$

❹ Division:

- **Negative Zahlen:** $\qquad (-24) : (-6) = \dfrac{(-\,24)}{(-\,6)} = +\,4$

Allgemein:	$(-\,a) : (-\,b) = a : b$
	$\dfrac{(-\,a)}{(-\,b)} = \dfrac{a}{b}$

- **Negative und positive Zahlen:** $\qquad \begin{aligned} (-12) : (+3) &= \dfrac{(-\,12)}{(+\,3)} = -\,4 \\ (+12) : (-3) &= \dfrac{(+\,12)}{(-\,3)} = -\,4 \end{aligned}$

Allgemein:	$(-\,a) : (+\,b) = \dfrac{(-\,a)}{(+\,b)} = -\dfrac{a}{b}$
	$(+\,a) : (-\,b) = \dfrac{(+\,a)}{(-\,b)} = -\dfrac{a}{b}$

Übungsaufgaben:

− 2	− 44	− 39
− 8	− 133	− 167
+ 6	− 90	− 55
+ 69	− 57,3	− 102
− 37	19,5	2,8
− 123	− 513	− 4,45
		− 79,5
		− 124,45
		− 35
		− 121,1

MAT

Klammern (1)

Die Zusammenfassung mehrerer Zahlen durch Rechenzeichen nennt man einen _____
_____ Ausdruck.

Beispiele: $2 + 3 + 4$
$9 - 2 + 8 - 7$
$a + 6a - 4a + 3a$

Es gibt _____ $(5a + 6a + 8a)$ und _____ $(3a - b + 2c)$ Ausdrücke.

| **Regel:** _____ |

Übungsaufgaben:
❶ $4 + 6 \cdot 3$ $= 4 + 18$ $= 22$
❷ $16 - 8 : 2$ $=$ _____ $=$ _____
❸ $17 + 4 \cdot 9$ $=$ _____ $=$ _____
❹ $11 \cdot 3 - 2$ $=$ _____ $=$ _____
❺ $6 : 2 + 89$ $=$ _____ $=$ _____
❻ $9 : 3 - 17$ $=$ _____ $=$ _____

Soll ein Teil eines mehrgliedrigen Ausdruckes **vorrangig** berechnet werden, so umschließt man ihn
mit _____ .

Übungsaufgaben:
❶ $25 - (6 + 7)$ $= 25 - 13$ $= 12$
❷ $67 + (88 - 9)$ $=$ _____ $=$ _____
❸ $(9 - 7) \cdot 6$ $=$ _____ $=$ _____
❹ $(8 + 3) \cdot 11$ $=$ _____ $=$ _____
❺ $(14 + 7) : 3$ $=$ _____ $=$ _____

Addition von Klammerausdrücken:

$$a + (b + c) = a + b + c$$
$$a + (b - c) = a + b - c$$

| Steht vor einer Klammer ein _____ zeichen, so kann die Klammer _____ werden. |

Übungsaufgaben:
❶ $33 + (24 + 18)$ $=$ _____ $=$ _____
❷ $120 + (86 - 14)$ $=$ _____ $=$ _____
❸ $360 + (480 - 978)$ $=$ _____ $=$ _____
❹ $- 28 + (33 - 54)$ $=$ _____ $=$ _____
❺ $2044 + (466 - 5212)$ $=$ _____ $=$ _____

MAT

Klammern (1)

Die Zusammenfassung mehrerer Zahlen durch Rechenzeichen nennt man einen __mehr-__ __gliedrigen__ Ausdruck.

Beispiele: $2 + 3 + 4$

$9 - 2 + 8 - 7$

$a + 6a - 4a + 3a$

Es gibt __gleichartige__ $(5a + 6a + 8a)$ und __ungleichartige__ $(3a - b + 2c)$ Ausdrücke.

Regel:	__Punktrechnungen (· und :) gehen vor Strichrechnungen (+ und –) !__

Übungsaufgaben:

❶ $4 + 6 \cdot 3$ $= 4 + 18$ $= 22$

❷ $16 - 8 : 2$ $= \underline{16 - 4}$ $= \underline{12}$

❸ $17 + 4 \cdot 9$ $= \underline{17 + 36}$ $= \underline{53}$

❹ $11 \cdot 3 - 2$ $= \underline{33 - 2}$ $= \underline{31}$

❺ $6 : 2 + 89$ $= \underline{3 + 89}$ $= \underline{92}$

❻ $9 : 3 - 17$ $= \underline{3 - 17}$ $= \underline{-14}$

Soll ein Teil eines mehrgliedrigen Ausdruckes **vorrangig** berechnet werden, so umschließt man ihn mit __Klammern__ .

Übungsaufgaben:

❶ $25 - (6 + 7)$ $= 25 - 13$ $= 12$

❷ $67 + (88 - 9)$ $= \underline{67 + 79}$ $= \underline{146}$

❸ $(9 - 7) \cdot 6$ $= \underline{2 \cdot 6}$ $= \underline{12}$

❹ $(8 + 3) \cdot 11$ $= \underline{11 \cdot 11}$ $= \underline{121}$

❺ $(14 + 7) : 3$ $= \underline{21 : 3}$ $= \underline{7}$

Addition von Klammerausdrücken:

$a + (b + c) = a + b + c$

$a + (b - c) = a + b - c$

Steht vor einer Klammer ein __Plus__ zeichen, so kann die Klammer __weggelassen__ werden.

Übungsaufgaben:

❶ $33 + (24 + 18)$ $= \underline{33 + 24 + 18}$ $= \underline{75}$

❷ $120 + (86 - 14)$ $= \underline{120 + 86 - 14}$ $= \underline{192}$

❸ $360 + (480 - 978)$ $= \underline{360 + 480 - 978}$ $= \underline{-138}$

❹ $-28 + (33 - 54)$ $= \underline{-28 + 33 - 54}$ $= \underline{-49}$

❺ $2044 + (466 - 5212)$ $= \underline{2044 + 466 - 5212}$ $= \underline{-2702}$

MAT

Klammern (2)

Subtraktion von Klammerausdrücken:

$$a - (b + c) = a - b - c$$
$$a - (b - c) = a - b + c$$

Steht vor einer Klammer ein _____zeichen, so müssen beim Weglassen der Klammer alle Rechenzeichen in der Klammer in das _____ Rechenzeichen verwandelt werden.

Übungsaufgaben:

❶ $6 + 13 - (5 - 4)$ = _____

❷ $5 + (4 - 3) - 17$ = _____

❸ $19 - (9 + 7) \cdot 4$ = _____

❹ $(23 + 45) - (8 + 6)$ = _____

❺ $(67 - 9) - (34 - 56)$ = _____

❻ $(45 + 11) \cdot 2 - (9 + 9)$ = _____

❼ $(67 - 4) : 9 - (17 + 56)$ = _____

Multiplikation von Klammerausdrücken:

$$(a + b) \cdot c = a \cdot c + b \cdot c$$
$$(a - b) \cdot c = a \cdot c - b \cdot c$$

$(a - b - c + d) \cdot e$ = _____

$(a + c) \cdot g$ = _____

$(f + g) \cdot h$ = _____

$(f - k) \cdot l$ = _____

$(g - h - c + e) \cdot z$ = _____

Ein Klammerausdruck wird mit einer Zahl multipliziert, indem man _____ _____ des Klammerausdruckes mit _____ _____ multipliziert und die Rechenzeichen des Klammerausdruckes _____ die der Reihe nach entstehenden _____ setzt.

Übungsaufgaben:

❶ $(3 + 8) \cdot 14$ = _____

❷ $(4 - 12) \cdot 3$ = _____

❸ $(x + 12) \cdot 5$ = _____

❹ $(3x + 18) \cdot 3$ = _____

❺ $(4 - 2x) \cdot 7$ = _____

❻ $8 (5x - 12)$ = _____

MAT

Klammern (2)

Subtraktion von Klammerausdrücken:

$$a - (b + c) = a - b - c$$
$$a - (b - c) = a - b + c$$

Steht vor einer Klammer ein __Minus__ zeichen, so müssen beim Weglassen der Klammer alle Rechenzeichen in der Klammer in das __entgegengesetzte__ Rechenzeichen verwandelt werden.

Übungsaufgaben:

❶ $6 + 13 - (5 - 4)$ = __$6 + 13 - 5 + 4 = 18$__

❷ $5 + (4 - 3) - 17$ = __$5 + 4 - 3 - 17 = -11$__

❸ $19 - (9 + 7) \cdot 4$ = __$19 - 16 \cdot 4 = 19 - 64 = -45$__

❹ $(23 + 45) - (8 + 6)$ = __$23 + 45 - 8 - 6 = 54$__

❺ $(67 + 9) - (34 - 56)$ = __$67 - 9 - 34 + 56 = 80$__

❻ $(45 + 11) \cdot 2 - (9 + 9)$ = __$56 \cdot 2 - 9 - 9 = 112 - 18 = 94$__

❼ $(67 - 4) : 9 - (17 + 56)$ = __$63 : 9 - 17 - 56 = 7 - 73 = -66$__

Multiplikation von Klammerausdrücken:

$$(a + b) \cdot c = a \cdot c + b \cdot c$$
$$(a - b) \cdot c = a \cdot c - b \cdot c$$
$(a - b - c + d) \cdot e$ = __$a \cdot e - b \cdot e - c \cdot e + d \cdot e$__
$(a + c) \cdot g$ = __$a \cdot g + c \cdot g$__
$(f + g) \cdot h$ = __$f \cdot h + g \cdot h$__
$(f - k) \cdot l$ = __$f \cdot l - k \cdot l$__
$(g - h - c + e) \cdot z$ = __$g \cdot z - h \cdot z - c \cdot z + e \cdot z$__

Ein Klammerausdruck wird mit einer Zahl multipliziert, indem man __jedes__ __Glied__ des Klammerausdruckes mit __dieser__ __Zahl__ multipliziert und die Rechenzeichen des Klammerausdruckes __zwischen__ die der Reihe nach entstehenden __Produkte__ setzt.

Übungsaufgaben:

❶ $(3 + 8) \cdot 14$ = __$11 \cdot 14 = 154$__

❷ $(4 - 12) \cdot 3$ = __$-8 \cdot 3 = -24$__

❸ $(x + 12) \cdot 5$ = __$x \cdot 5 + 12 \cdot 5 = 5x + 60$__

❹ $(3x + 18) \cdot 3$ = __$3x \cdot 3 + 18 \cdot 3 = 9x + 54$__

❺ $(4 - 2x) \cdot 7$ = __$4 \cdot 7 - 2x \cdot 7 = 28 - 14x$__

❻ $8 (5x - 12)$ = __$8 \cdot 5x - 8 \cdot 12 = 40x - 96$__

MAT	

Leichte Übungsaufgaben ohne Variable

❶ a) $144 : 8 - 12 + 23 \cdot 6 =$ _____   e) $34 : 2 - 44 : 4 - 55 : 11 =$ _____

   b) $71 - 9 \cdot 3 - 88 : 11 =$ _____   f) $28 + 9 \cdot 45 + 6 \cdot 15 - 22 =$ _____

   c) $22 + 3 \cdot 65 - 169 : 13 =$ _____   g) $78 - 34 + 23 \cdot 7 - 12 \cdot 12 =$ _____

   d) $6 \cdot 24 - 7 \cdot 12 + 21 =$ _____   h) $198 - 13 \cdot 13 + 196 : 14 =$ _____

❷ a) $445 - 89 \cdot 3 + 245 + 225 : 15 + 16 \cdot 16 - 600 =$ _____

   b) $891 : 9 + 125 - 66 - 35 : 7 + 25 \cdot 25 - 9 + 225 =$ _____

   c) $150 + 42 : 7 + 121 : 11 + 144 : 12 - 324 : 18 + 11 =$ _____

   d) $23 \cdot 9 - 175 : 25 + 25 + 46 - 289 : 17 - 400 : 20 + 35 =$ _____

   e) $1500 - 14\,400 : 120 - 8100 : 90 - 12\,100 : 110 - 1000 =$ _____

❸ a) $4 \cdot (88 - 62)$ $=$ _____

   b) $(45 - 30) : 3$ $=$ _____

   c) $(18 - 7) \cdot 5 + 5$ $=$ _____

   d) $(67 + 8) \cdot 3 - 5$ $=$ _____

   e) $4 \cdot (45 - 31) + 5 \cdot (34 - 12)$ $=$ _____

   f) $(88 - 11) : 7 - 3 \cdot (64 - 61)$ $=$ _____

   g) $443 - 12 \cdot (23 + 9) + 21 : 3$ $=$ _____

   h) $23 + 6 \cdot (45 + 7) - 89 : 2$ $=$ _____

❹ a) $45 - 9 \cdot (440 : 20 + 5) + 24 \cdot 9 - (56 - 14) : 7 =$ _____

   b) $(225 : 15 + 289 : 17 - 25) \cdot 12 - 45 : 9 + 14 \cdot 3 =$ _____

   c) $15 \cdot (56 - 81 : 9) - 15 \cdot 15 + 245 - 6 \cdot (48 - 90 : 18) =$ _____

   d) $(78 - 144 : 4 - 42 : 3) : 2 + 3 \cdot (45 - 450 : 15) + 34 =$ _____

   e) $480 : 60 - 56 : 14 + 7 \cdot (65 + 23 - 5 \cdot 15) + (68 + 12) : 4 =$ _____

   f) $560 - 1400 : 4 - (450 - 1800 : 5) : 5 + 250 =$ _____

❺ a) $7 \cdot 8 - 6 \cdot 8 =$ _____

   b) $9 : 3 + 18 : 3 =$ _____

   c) $(17 + 33) : 10 + 7 \cdot 8 =$ _____

   d) $15 \cdot 108 - 3 \cdot 539 =$ _____

   e) $(23 + 7) : 2 =$ _____

   f) $46\,363 + 3 \cdot 263 + 4 \cdot 11\,393 =$ _____ $=$ _____

   g) $11\,248 - 5 + 5 - 10\,656 =$ _____

   h) $12\,430 - 24\,860 + 37\,290 =$ _____

MAT		

Leichte Übungsaufgaben ohne Variable (Lösungen)

❶ a) $144 : 8 - 12 + 23 \cdot 6 =$ __144__   e) $34 : 2 - 44 : 4 - 55 : 11 =$ __1__

b) $71 - 9 \cdot 3 - 88 : 11 =$ __36__   f) $28 + 9 \cdot 45 + 6 \cdot 15 - 22 =$ __501__

c) $22 + 3 \cdot 65 - 169 : 13 =$ __204__   g) $78 - 34 + 23 \cdot 7 - 12 \cdot 12 =$ __61__

d) $6 \cdot 24 - 7 \cdot 12 + 21 =$ __81__   h) $198 - 13 \cdot 13 + 196 : 14 =$ __43__

❷ a) $445 - 89 \cdot 3 + 245 + 225 : 15 + 16 \cdot 16 - 600 =$ __94__

b) $891 : 9 + 125 - 66 - 35 : 7 + 25 \cdot 25 - 9 + 225 =$ __1024__

c) $150 + 42 : 7 + 121 : 11 + 144 : 12 - 324 : 18 + 11 =$ __172__

d) $23 \cdot 9 - 175 : 25 + 25 + 46 - 289 : 17 - 400 : 20 + 35 =$ __269__

e) $1500 - 14\,400 : 120 - 8100 : 90 - 12\,100 : 110 - 1000 =$ __180__

❸ a) $4 \cdot (88 - 62) \quad =$ __104__

b) $(45 - 30) : 3 \quad =$ __5__

c) $(18 - 7) \cdot 5 + 5 \quad =$ __60__

d) $(67 + 8) \cdot 3 - 5 \quad =$ __220__

e) $4 \cdot (45 - 31) + 5 \cdot (34 - 12) =$ __166__

f) $(88 - 11) : 7 - 3 \cdot (64 - 61) =$ __2__

g) $443 - 12 \cdot (23 + 9) + 21 : 3 =$ __66__

h) $23 + 6 \cdot (45 + 7) - 89 : 2 \quad =$ __290,5__

❹ a) $45 - 9 \cdot (440 : 20 + 5) + 24 \cdot 9 - (56 - 14) : 7 =$ __12__

b) $(225 : 15 + 289 : 17 - 25) \cdot 12 - 45 : 9 + 14 \cdot 3 =$ __121__

c) $15 \cdot (56 - 81 : 9) - 15 \cdot 15 + 245 - 6 \cdot (48 - 90 : 18) =$ __467__

d) $(78 - 144 : 4 - 42 : 3) : 2 + 3 \cdot (45 - 450 : 15) + 34 =$ __93__

e) $480 : 60 - 56 : 14 + 7 \cdot (65 + 23 - 5 \cdot 15) + (68 + 12) : 4 =$ __115__

f) $560 - 1400 : 4 - (450 - 1800 : 5) : 5 + 250 =$ __442__

❺ a) $7 \cdot 8 - 6 \cdot 8 = =$ __8__

b) $9 : 3 + 18 : 3 =$ __9__

c) $(17 + 33) : 10 + 7 \cdot 8 =$ __61__

d) $15 \cdot 108 - 3 \cdot 539 =$ __3__

e) $(23 + 7) : 2 =$ __15__

f) $46\,363 + 3 \cdot 263 + 4 \cdot 11\,393 =$ __46 363 + 789 − 45 572__ $=$ __1580__

g) $11\,248 - 5 + 5 - 10\,656 =$ __592__

h) $12\,430 - 24\,860 + 37\,290 =$ __24 860__

MAT

Leichtere Übungsaufgaben mit Variablen

❶ $6 \cdot 2x + 5 \cdot 3 - 4x + 5 \cdot 2 \cdot 3 =$ _____

❷ $2{,}5a - 3{,}6b + 22a - 7{,}2b =$ _____

❸ $33x - 27y + (2 \cdot 3x - 6y) =$ _____

❹ $15ab - 22cd + 13 \cdot 2ab - 6 \cdot 3cd =$ _____

❺ $6x \cdot 2 - 3y \cdot 4 - 5 \cdot 3 - 6y : 3 + 2x : 0{,}5 =$ _____

❻ $(13{,}2z - 2{,}8y - 12{,}4z + 13{,}9y) + 22y : 0{,}1 =$ _____

❼ $17x + 13a \cdot 3 - 4x : 2 \cdot 6 + 16xy - 14 \cdot 2x + 32xy =$ _____

❽ $10a - 5a \cdot 2 + (4a + 9a) \cdot 3 =$ _____

❾ $65z : 5 + 7 \cdot 3z - 16z - 2z \cdot 5 =$ _____

❿ $2z + 7 - 7z + 16 + 5z \cdot 3 - 19y \cdot 4 =$ _____

Für kluge Köpfe:

① $24 + 2(3x + 7) - 12x =$ _____

② $12x - 3(3x + 3) - 9{,}5 =$ _____

③ $14{,}7 - 3x - 5{,}5(7x - 9) + 14{,}125 =$ _____

④ $-25\left(\dfrac{1}{5}x - \dfrac{3}{5}\right) + \dfrac{2}{3}x - \dfrac{1}{15} =$ _____

⑤ $12{,}7x - \dfrac{3}{8}x - 3\left(\dfrac{3}{8}x - \dfrac{3}{8}\right) + 1\dfrac{5}{8}x =$ _____

Leichtere Übungsaufgaben mit Variablen (Lösungen)

zu ❶ $6 \cdot 2x + 5 \cdot 3 - 4x + 5 \cdot 2 \cdot 3 =$

$12x + 15 - 4x + 30 = \underline{8x + 45}$;

zu ❷ $2,5a - 3,6b + 22a - 7,2b =$

$\underline{24,5a - 10,8b}$;

zu ❸ $33x - 27y - (2 \cdot 3x - 6y) =$

$33x - 27y + 6x - 6y =$

$\underline{39x - 33y}$;

zu ❹ $15ab - 22cd + 13 \cdot 2ab - 6 \cdot 3cd =$

$15ab - 22cd + 26ab - 18cd =$

$\underline{41ab - 40cd}$;

zu ❺ $6x \cdot 2 - 3y \cdot 4 - 5 \cdot 3 - 6y : 3 + 2x : 0,5 =$

$12x - 12y - 15 - 2y + 4x =$

$\underline{16x - 14y - 15}$;

zu ❻ $(13,2z - 2,8y - 12,4z + 13,9y)$

$\qquad\qquad + 22y : 0,1 =$

$0,8z + 11,1y + 220y =$

$\underline{0,8z + 231,1y}$;

zu ❼ $17x + 13a \cdot 3 - 4x : 2 \cdot 6$

$\qquad\qquad + 16xy - 14 \cdot 2x + 32xy =$

$17x + 39a - 12x + 16xy - 28x + 32xy =$

$\underline{-23x + 39a + 48xy}$;

zu ❽ $10a - 5a \cdot 2 + (4a + 9a) \cdot 3 =$

$10a - 10a + 13a \cdot 3 =$

$10a - 10a + 39a = \underline{39a}$;

zu ❾ $65z : 5 + 7 \cdot 3z - 16z - 2z \cdot 5 =$

$13z + 21z - 16z - 10z = \underline{8z}$;

zu ❿ $2z + 7 - 7z + 16 + 5z \cdot 3 - 19y \cdot 4 =$

$2z + 7 - 7z + 16 + 15z - 76y =$

$\underline{10z + 23 - 76y}$;

Für kluge Köpfe:

zu ① $24 + 2(3x + 7) - 12x =$

$24 + 6x + 14 - 12x =$

$\underline{38 - 6x}$;

zu ② $12x - 3(3x + 3) - 9,5 =$

$12x - 9x - 9 - 9,5 =$

$\underline{3x - 18,5}$;

zu ③ $14,7 - 3x - 5,5(7x - 9) + 14,125 =$

$14,7 - 3x - 38,5x + 49,5 + 14,125 =$

$\underline{78,325 - 41,5x}$;

zu ④ $-25\left(\dfrac{1}{5} - \dfrac{3}{5}\right) + \dfrac{2}{3}x - \dfrac{1}{15} =$

$-\dfrac{25}{5}x + \dfrac{25 \cdot 3}{5} + \dfrac{2}{3}x - \dfrac{1}{15} =$

$-5x + 15 + \dfrac{2}{3}x - \dfrac{1}{15} =$

$\underline{-4\dfrac{1}{3}x + 14\dfrac{14}{15}}$;

zu ⑤ $12,7x - \dfrac{3}{8}x - 3\left(\dfrac{3}{8}x - 3\dfrac{3}{8}\right) + 1\dfrac{5}{8}x =$

$12\dfrac{7}{10}x - \dfrac{3}{8}x - \dfrac{9}{8}x + \dfrac{9}{8} + \dfrac{13}{8}x =$

$\dfrac{127}{10}x + \dfrac{1}{8}x + \dfrac{9}{8} =$

$\dfrac{508}{40}x + \dfrac{5}{40}x + \dfrac{9}{8} =$

$\dfrac{513}{40}x + \dfrac{9}{8} =$

$\underline{12\dfrac{33}{40}x + \dfrac{9}{8}}$; $(= \underline{12,825x + 1,125}$;)

THEMA

Wir lösen einfache Gleichungen

LERNZIELE

- Die Begriffe Gleichung und Ungleichung verstehen können (Waage, Waagemodell)
- Einprägen eines Lösungsschemas
- Anwendung der Regeln zur Termumformung
- Anwendung des Regelwissens bei Übungsaufgaben

ARBEITSMITTEL/MEDIEN/LITERATURHINWEISE

- Waage mit zahlreichen Gewichten, aber auch unbekannten Gewichtsgrößen (z.B. Steine)
- Wortkarten, Folien
- Arbeitsblätter (3)
- Lösungen zu den Arbeitsblättern
- Zeichnung S. 121 aus: Schmitt/Wohlfahrth: Mathematikbuch 8; Bayerischer Schulbuch-Verlag, München 1986, S. 70

TAFELBILD/FOLIEN

<u>Wir lösen einfache Gleichungen</u>

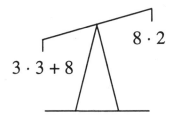
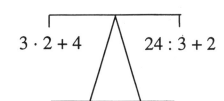
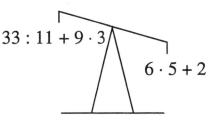

$T1 > T2$ $T1 = T2$ $T1 < T2$

Ungleichung   **Gleichung**   **Ungleichung**

| < | > | = |

$3 \cdot 3 + 8 \;\square\; 8 \cdot 2$

$3 \cdot 2 + 4 \;\square\; 24 : 3 + 2$

$33 : 11 + 9 \cdot 3 \;\square\; 6 \cdot 5 + 2$

Regelschema:

❶ Auf jeder Seite der Gleichung
   a. Vereinfachen:
     Klammern auflösen, Punktrechnungen ausrechnen!
   b. Zusammenfassen:
     Zahlen und Variable getrennt!

❷ Zahlen auf die eine Seite, Variable auf die andere Seite der Gleichung bringen!
<u>Beachte:</u> Zahlen und Variable können mit entgegengesetztem Vorzeichen auf die andere Gleichungsseite gebracht werden!

❸ Auf ein "x" (positiv!) schließen!

Stundenbild

I. Hinführung

Stummer Impuls Aussprache	TA	$>$ $<$ $=$

	TA	L: Zu jedem der folgenden drei Terme passt eines dieser Zeichen !
SS ordnen die Zeichen den Termen zu		$3 \cdot 3 + 8 \ \square\ 8 : 2$ $\quad\boxed{>}$ $3 \cdot 3 + 4 \ \square\ 24 : 3 + 2$ $\quad\boxed{<}$ $33 : 11 + 9 \cdot 3 \ \square\ 6 \cdot 5 + 2$ $\quad\boxed{=}$

Zielangabe	TA	**Wir lösen einfache Gleichungen**

II. Erarbeitung

1. Teilziel:

Gleichung / Ungleichung

LSG	TA	Ausdruck 1 und 3 sind Ungleichungen. Ausdruck 2 ist eine Gleichung (auf beiden Seiten kommt derselbe Wert heraus).

Arbeit an einer Waage mit Gewichten (SS-Versuche)	TA Waage- modell für die drei Ausdrücke WK Modell	

	$3 \cdot 3 + 8$ ... $8 \cdot 2$	$3 \cdot 2 + 4$ ... $24 : 3 + 2$	$33 : 11 + 9 \cdot 3$ ... $6 \cdot 5 + 2$
	T1 > T2	T1 = T2	T1 < T2
Eintrag — Heft/Block	Ungleichung	Gleichung	Ungleichung

2. Teilziel:

Lösen von Gleichungen

	TLP Folie	

$$7x \boxed{-31} = 5x + 49 \quad \circ\!\!+ \qquad\qquad / + 31$$
$$7x - 31 + 31 = 5x + 49 + 31$$
$$7x \ \circ\!\!\cdot\!\!\circ = \boxed{5x} + 80 \qquad\qquad / - 5x$$
$$7x - 5x = 5x - 5x + 80$$
$$\boxed{2 \cdot}\, x = 80 \quad \circ\!\!\cdot\!\!\circ \qquad\qquad / : 2$$
$$\frac{2x}{2} = \frac{80}{2}$$
$$\underline{x = 40}\,;$$

Exemplarisches Beispiel

Erarbeitung eines Regelschemas	TLP TA (siehe Tafelbild)	Regelschema:
Eintrag	Heft/Block	

III. Sicherung/Vertiefung

	AB 1/2/3 (als Zsf.)	
Teile auch als Hausaufgabe möglich		

MAT

Wir lösen einfache Gleichungen (1)

❶ Gleichung - Waage

Eine Gleichung lässt sich mit einer Waage
vergleichen.
Wie viel wiegen die Würstchen?

x = _____

Wir erkennen: Die Waage bleibt im Gleichgewicht, wenn auf beiden Seiten _____

_____.

Wenn ich auf der rechten Seite etwas dazulege, dann _____

_____.

Wenn ich auf der linken Seite etwas wegnehme, dann _____

_____.

---

❷ Das Umformen von Gleichungen bei Additionen

Aufgabe: Addiere ich zu einer gedachten Zahl 8, so erhalte ich 15.

Terme als Gleichung:

_____

Darstellung am Streifen:

x =	8
15	

So rechne ich:

Gleichung anschreiben	_____
Auf beiden Seiten − 8	_____
x herausstellen	_____
Ergebnis	_____

❸ Das Umformen von Gleichungen bei Subtraktionen

Aufgabe: Subtrahiere ich zu einer gedachten Zahl 8, so erhalte ich 15.

Terme als Gleichung:

_____

Darstellung am Streifen:

15	8
x =	

So rechne ich:

Gleichung anschreiben	_____
Auf beiden Seiten + 8	_____
x herausstellen	_____
Ergebnis	_____

Regel: Eine Gleichung bleibt immer dann richtig, wenn man auf beiden Seiten
_____ addiert oder subtrahiert.

Das Gleichheitszeichen wirkt wie eine Umkehroperation:

aus "Plus" wird _____

aus "Minus" wird _____

MAT

Wir lösen einfache Gleichungen (1)

❶ Gleichung - Waage

Eine Gleichung lässt sich mit einer Waage vergleichen.
Wie viel wiegen die Würstchen?

x = __700 g__

> **Wir erkennen:** Die Waage bleibt im Gleichgewicht, wenn auf beiden Seiten __das__ __gleiche Gewicht ist__ .
>
> Wenn ich auf der rechten Seite etwas dazulege, dann __muss ich auf der linken Seite dasselbe dazulegen.__
>
> Wenn ich auf der linken Seite etwas wegnehme, dann __muss ich auf der rechten Seite dasselbe wegnehmen.__

❷ Das Umformen von Gleichungen bei Additionen

Aufgabe: Addiere ich zu einer gedachten Zahl 8, so erhalte ich 15.

Terme als Gleichung:

$x + 8 = 15$

Darstellung am Streifen:

x = 7	8
15	

So rechne ich:

Gleichung anschreiben	$x + 8 = 15$
Auf beiden Seiten $- 8$	$x + 8 - 8 = 15 - 8$
x herausstellen	$x = 15 - 8$
Ergebnis	$x = 7 \,;$

❸ Das Umformen von Gleichungen bei Subtraktionen

Aufgabe: Subtrahiere ich zu einer gedachten Zahl 8, so erhalte ich 15.

Terme als Gleichung:

$x - 8 = 15$

Darstellung am Streifen:

15	8
x = 23	

So rechne ich:

Gleichung anschreiben	$x - 8 = 15$
Auf beiden Seiten $+ 8$	$x - 8 + 8 = 15 + 8$
x herausstellen	$x = 15 + 8$
Ergebnis	$x = 23 \,;$

> **Regel:** Eine Gleichung bleibt immer dann richtig, wenn man auf beiden Seiten
> __gleich viel__ addiert oder subtrahiert.
>
> Das Gleichheitszeichen wirkt wie eine Umkehroperation:
>
> aus "Plus" wird __Minus__
>
> aus "Minus" wird __Plus__

MAT

Wir lösen einfache Gleichungen (2)

Eine _____ entsteht, wenn man mathematische Größen durch das

_____ (   ) gleichsetzt.

Links und rechts vom Gleichheitszeichen muss immer der _____

_____ stehen.

Beispiele:

_____ = _____

_____ = _____

_____ = _____

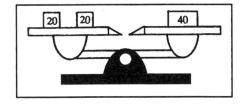   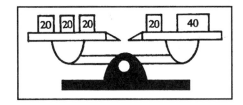

_____ = _____

↓   ↓

_____ _____

↓

_____

Die Balkenwaage ist nur dann im Gleichgewicht, wenn auf beiden Seiten gleich viel an Gewicht

liegt. Dabei ist es gleichgültig, wie sich das Gewicht jeweils zusammensetzt.

Die Waage ist dann im Gleichgewicht, wenn auf _____ Seiten _____

schwere Gewichte liegen.

Eine Gleichung ändert sich nicht, wenn auf beiden Seiten mit _____

Zahlen die _____ Rechenschritte durchgeführt werden.

$$x + 4 = 9$$

$$\underline{\hspace{3cm}} = \underline{\hspace{2cm}}$$

$$x = \underline{\hspace{2cm}}$$

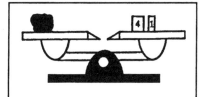

© pb-verlag Puchheim MAT 7

MAT

Wir lösen einfache Gleichungen (2)

Eine _____ **Gleichung** _____ entsteht, wenn man mathematische Größen durch das

_____ **Gleichheitszeichen** _____ (=) gleichsetzt.

Links und rechts vom Gleichheitszeichen muss immer der _____ **gleiche** _____

_____ **Rechenwert** _____ stehen.

Beispiele:

2 · 8 + 4	=	**44 : 2 − 2**
17 − 6 + 5	=	**4 · 5 − 4**
4,2 : 2	=	**21 : 10**

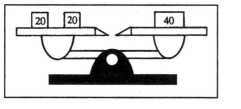

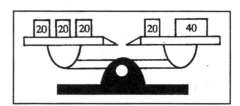

20 + 20 = 40　　=　　**20 + 20 + 20 = 40 + 20**

↓　　　　　↓

linke Seite　　　**rechte Seite**

↘　↙

↓

gleichwertige Rechenausdrücke

Die Balkenwaage ist nur dann im Gleichgewicht, wenn auf beiden Seiten gleich viel an Gewicht liegt. Dabei ist es gleichgültig, wie sich das Gewicht jeweils zusammensetzt.

Die Waage ist dann im Gleichgewicht, wenn auf _____ **beiden** _____ Seiten _____ **gleich** _____

schwere Gewichte liegen.

Eine Gleichung ändert sich nicht, wenn auf beiden Seiten mit _____ **denselben** _____

Zahlen die _____ **gleichen** _____ Rechenschritte durchgeführt werden.

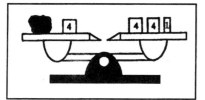

$$x + 4 = 9 \qquad / -4$$
$$\underline{x + 4 - 4} \ = \ \underline{9 - 4}$$
$$x \ = \ \underline{5}$$

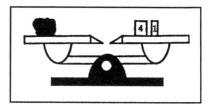

THEMA

Wir lösen Textgleichungen ohne Klammern

LERNZIELE

- Als Voraussetzung zur Lösung von Textgleichungen über bestimmte mathematische Begriffe verfügen können (Addition, Differenz etc.)
- Fähig sein, diese Begriffe in Terme zu übersetzen
- Anwendung in Übungsaufgaben

ARBEITSMITTEL/MEDIEN/LITERATURHINWEISE

- Folien
- Block

TAFELBILD/FOLIEN

Wir lösen Textgleichungen ohne Klammern

+ : Addition (addieren / vermehren / dazuzählen)
- : Subtraktion (subtrahieren / vermindern / abziehen)
· : Multiplikation (multiplizieren / vervielfachen / malnehmen)
: : Division (dividieren / teilen)

Summand	$\oplus$ Summe	Summand
Minuend	$\ominus$ Differenz	Subtrahend
Faktor	$\odot$ Produkt	Faktor (Multiplikator)
Dividend	$\oslash$ Quotient	Divisor

Eine Zahl / die Zahl / eine Unbekannte: "x"

Die Hälfte: "$\frac{}{2}$" oder ": 2" oder "$\cdot \frac{1}{2}$"

Der dritte Teil: "$\frac{}{3}$" oder ": 3" oder "$\cdot \frac{1}{3}$"

Das Doppelte: "· 2"

Das Dreifache: "· 3"

Stundenbild

I. Hinführung

Zahlenrätsel		1. Denke dir eine Zahl. Addiere 25 und subtrahiere 10. Zum Ergebnis gibst du 5 hinzu und ziehst dann 15 ab. Die so erhaltene Zahl wird um 60 vermehrt und um 35 vermindert. Addierst du nun 70 und nennst mir dein Ergebnis, sage ich dir die gedachte Zahl.
L liest langsam vor		
SS rechnen mit		
(Kontrolle u.U.	TLP Folie)	(Ergebnis − 100 = gedachte Zahl)
		2. Halbiere eine gedachte Zahl. Vervierfache das Ergebnis. Multipliziere die erhaltene Zahl mit 6. Teile jetzt durch 3 und gib die Hälfte an. Deine Zahl war ... (Ergebnis : 2 = gedachte Zahl)
		3. Denke dir eine Zahl. Multipliziere sie mit 6. Teile jetzt durch 3. Addiere dann 20. Ziehe 10 ab und nenne das Ergebnis. Die gedachte Zahl war ... (Ergebnis − 10 : 2 = gedachte Zahl)
Frage:		Wie löst man solche Zahlenrätsel?

Zielangabe	TA	**Textgleichungen ohne Klammern**

II. Erarbeitung

1. Teilziel: Terme und Text

LSG		
Zsf.	TA (S. 123)	Wichtige Begriffe
Eintrag	Heft/Block	
	TLP Folie 1-4 (getrennt/ einzeln)	
LSG		**Übersetzungen**
SS		Term - Text
		Text - Term
Zusammenbau		Textgleichungen einfachster Art
	TLP Folien 1+3	
Kontrolle		
	TLP Folien 2+4	

2. Teilziel: Terme, Gleichungen und Textgleichungen

		L: Bringe jeweils eine Hälfte (eine Gleichungsseite) in Textform!
	TLP Folie 5	❶ Wenn ich zum Vierfachen einer Zahl 25 addiere, ... 95.
		❷ $4x - 10$, ... erhalte ich das Zehnfache von 0,8.
		❸ Addiere ich die Hälfte von 24 zum Dreifachen einer Zahl, ... $0,5x + 104$.
		❹ $14x + 48 - 3x$, ... so erhält man das Fünffache der Zahl, vermehrt um 96.
GA a.g.		
Zsf. Gr.berichte		
Kontrolle	TLP Folie 6	zu ❶ ... erhalte ich 95.
		zu ❷ Subtrahiere ich 10 vom Vierfachen einer Zahl, ...
		zu ❸ .... so erhalte ich die Hälfte der Zahl, vermehrt um 104.
		zu ❹ Addiert man 48 zum 14fachen einer Zahl und vermindert diese Summe um das Dreifache der Zahl, ...

		L: Schreibe die ganzen Gleichungen in Zahlenform auf!
STA	Heft/Block	
Kontrolle	TA	❶ $4x + 25 = 95$
		❷ $4x - 10 = 10 \cdot 0,8$
		❸ $3x + 24 : 2 = 0,5x + 104$ $(\frac{1}{2}x + 104)$
		❹ $14x + 48 - 3x = 5x + 96$
Teilziel-Zsf.		
SS formulieren diese 4 Gleichungen nochmals als Text		L: Verfasse zu den Gleichungen einen Text!
PA oder GA/STA Differenzierung (schwache SS mit L an TA)	TA	❶ $x + 12 = 42$
		❷ $29 - x = 22 + 3$
		❸ $3 \cdot 30 - x = 2x - 20$
		❹ $66 - 2x = 21 + \frac{1}{3}x$
		❺ $250 : 0,5x = 165 - 105$

Zsf. Ergebnisse TA zu ❶ Addiert man 12 zu einer Zahl, so erhält man 42.

zu ❷ Subtrahiert man eine Zahl von 29, erhält man 22, vermehrt um 3.

zu ❸ Vermindert man das Dreifache von 30 um eine Zahl, ergibt das 20 weniger als das Doppelte der Zahl.

zu ❹ Zieht man das Doppelte einer Zahl von 66 ab, erhält man die Summe aus 21 und dem dritten Teil der Zahl.

zu ❺ Dividiert man 250 durch die Hälfte einer Zahl, so erhält man die Differenz aus 165 und 105.

III. Vertiefung/Übung

STA TLP Folie 7 Übersetze in eine Gleichung!

❶ Dividiert man eine Zahl durch 12, erhält man 12.

❷ Das 2,5fache einer Zahl, vermindert um 25 ist gleich dem 5,5fachen der Zahl, vermehrt um 6.

❸ Addiert man 50 zum Fünffachen einer Zahl, erhält man 100.

❹ Das Vierfache einer Zahl ist um 10 kleiner als ihr Doppeltes.

Kontrolle TLP Folie 8 zu ❶ $x : 12 = 12$ $(\frac{x}{12} = 12)$

zu ❷ $2,5x - 25 = 5,5x + 6$

zu ❸ $5x + 50 = 100$

zu ❹ $4x - 10 = 2x$

mit je 4 Aufgaben TLP Folie 9 Lösungen:
(siehe Beiblatt unten)

❶ $x + 18 - 5 = 12$ ❸ $4x + 8 = 10x - 4$

❷ $3x + 8 = 2x$ ❹ $8x - 9 = 10 \cdot \frac{x}{2}$

---

❶ $\frac{2}{3}x - 4 = 0$ ❸ $\frac{3}{8}x - \frac{1}{4}x = 7$

❷ $\frac{5}{6}x + \frac{x}{4} = 14$ ❹ $\frac{x}{3} + \frac{x}{5} = \frac{x}{2} + 2$

Wir lösen Textgleichungen ohne Klammern

Folie 1

1. Addiere zu einer Zahl 109, ...
2. Subtrahiere 57 von einer Zahl, ...
3. Vervielfache eine Zahl mit 13, ...
4. Welche Zahl musst du durch 2 teilen, ...?
5. Vermindere das Doppelte einer Zahl um 4, ...
6. Mit welcher Zahl muss man 2 multiplizieren, ...?
7. Wenn ich von einer Zahl 12 subtrahiere, ...
8. Verdoppelt man eine Zahl und subtrahiert 5, ...
9. Vermehrt man das Vierfache einer Zahl um 17, ...
10. Subtrahierst du vom Fünffachen einer Zahl 8, ...

Folie 2

$x + 109$

$x - 57$

$x \cdot 13$

$x : 2$

$2 \cdot x - 4$

$2 \cdot x$

$x - 12$

$x \cdot 2 - 5$

$4 \cdot x + 17$

$5 \cdot x - 8$

Folie 3

1. ..., du erhältst die Summe aus 100 und 101 ...
2. Das Ergebnis besteht aus dem Produkt von 1,5 und 6 ...
3. Du erhältst die Differenz aus 99 und 21 ...
4. ..., um den Quotienten aus 90 und 6 zu erhalten?
5. ..., um die Differenz aus 60 und 2 zu erhalten?
6. ..., um den Quotienten aus 56 und 7 zu erhalten?
7. ..., so erhalte ich die Summe aus 7 und 9.
8. ..., so erhält man dasselbe, als wenn man 3 mehr als die Zahl nimmt.
9. ..., bekommt man 3 weniger als das Neunfache der Zahl
10. ..., ergibt das Vierfache von 12.

Folie 4

$100 + 101$

$1,5 \cdot 6$

$99 - 21$

$90 : 6$

$60 - 2$

$56 : 7$

$7 + 9$

$x + 3$

$9 \cdot x - 3$

$4 \cdot 12$

❶ Addiert man zu einer bestimmten Zahl 18 und subtrahiert dann 5, so erhält man 12.

❷ Das Dreifache einer Zahl ist um 8 größer als das Doppelte der Zahl.

❸ Vermehrt man das Vierfache einer Zahl um 8, so erhält man 4 weniger als das Zehnfache der Zahl.

❹ Subtrahiert man vom Achtfachen einer Zahl 9, so erhält man das Zehnfache der halben Zahl.

❶ Vermindert man das $\frac{2}{3}$fache einer Zahl um 4, so ergibt das 0.

❷ $\frac{5}{6}$ einer Zahl, vermindert um den 4. Teil der Zahl, ergibt 14.

❸ $\frac{3}{8}$ einer Zahl, vermindert um $\frac{1}{4}$ der Zahl, ergibt 7.

❹ Addiert man den 3. und 5. Teil einer Zahl, so erhält man 2 mehr als die Hälfte der Zahl.

THEMA

Wir lösen Textgleichungen mit Klammern

LERNZIELE

- Mathematische Grundbegriffe wie Addition, Differenz etc. kennen und verstehen
- Ein Gespür bekommen, wann Klammern zu setzen sind
- Fähig sein, diese mathematischen "Wendungen" in Terme zu übersetzen und umgekehrt
- Anwendung in Übungsaufgaben

ARBEITSMITTEL/MEDIEN/LITERATURHINWEISE

- Arbeitsblätter (2)
- Lösungen zu den Arbeitsblättern
- Folien

TAFELBILD/FOLIEN

Wir lösen Textgleichungen mit Klammern

❶
- Die Summe: $(* + *)$
- Die doppelte Summe: $2 \cdot (* + *)$
- Die halbe Summe: $(* + *) : 2$ oder $\dfrac{(* + *)}{2}$

  oder $(* + *) \cdot \dfrac{1}{2}$

- Die Differenz: $(* - *)$
- Der dritte Teil der Differenz: $(* - *) : 3$ oder $\dfrac{(* - *)}{3}$

  oder $(* - *) \cdot \dfrac{1}{3}$

❷
- Das Doppelte einer um 3 verminderten Zahl : $2 \cdot (x - 3)$
- Das Dreifache einer um 4 vermehrten Zahl : $3 \cdot (x - 4)$
- Die Hälfte einer um 8 verminderten Zahl : $(x - 8) : 2$ oder $\dfrac{(x - 8)}{2}$

  oder $(x - 8) \cdot \dfrac{1}{2}$

❸ **Beachte den textlichen Unterschied:**

- Das Doppelte einer Zahl , um 6 vermehrt : $2x + 6$
- Das Doppelte einer um 6 vermehrten Zahl : $2 \cdot (x + 6)$

❹ **Schwierig:**

- Die dreifache Differenz aus dem Doppelten der um 4 verminderten Zahl und 12

  $3 \cdot [2 \cdot (x - 4) + 12]$

Stundenbild

I. Hinführung

Wiederholung	TA (sh. Tafelbild)	
	TLP Folie	L: Erstelle eine Gleichung! Das Dreifache einer um 5 vermehrten Zahl ist um 7 kleiner als das Doppelte einer um 2 verminderten Zahl.
Aussprache SS-Versuche		
Ergebnis	TA	$3(x + 5) - 7 = 2(x - 2)$
Zielangabe	TA	**Wir lösen Textgleichungen mit Klammern**

II. Erarbeitung

LSG		Textschemata einprägen
	TA (sh. Tafelbild)	Die Summe: (... + ...) Die doppelte Summe:
Eintrag	Heft/Block	
Erarbeitung	AB 1	Wir lösen Textgleichungen mit Klammern
LSG/PA/STA		
Kontrolle		
Lösungsblatt	TLP	

III. Vertiefung/Ausweitung

TLP Folien

❶ Subtrahiere 56 von 78 und multipliziere diese Differenz mit 8!

❷ Dividiere 88 durch 11 und multipliziere damit die Summe von 23 und 12!

❸ Multipliziere 23 mit 9 und teile dieses Produkt durch 3. Addiere dazu die Differenz von 55 und 50!

❹ Addiere zu 35 das Dreifache der Differenz von 56 und 48 und subtrahiere davon die dreifache Summe von 4 und 12!

zu ❶ $(78 - 56) \cdot 8 = 176$;

zu ❷ $88 : 11 \cdot (23 + 12) = 280$;

zu ❸ $23 \cdot 9 : 3 + (55 - 50) = 74$;

zu ❹ $35 + 3 \cdot (56 - 48) - 3 \cdot (4 + 12) = 11$;

Die fünf neunten Klassen einer Hauptschule sammelten einen ansehnlichen Betrag für die Kriegsgräberfürsorge. Die Klasse 9a sammelte ein Sechstel des Gesamtbetrages, die Klasse 9b genau die Hälfte von 9a und 9b zusammen, die Klasse 9d 25,-- € mehr als ein Fünftel des Gesamtbetrages und die Klasse 9e den Rest, nämlich 141,50 €.

a) Stelle einen Ansatz mit x auf!

b) Berechne den Gesamtbetrag!

c) Berechne die Sammelergebnisse der Klassen a, b, c, d!

zu a) 9a: $\frac{1}{6}x$; 9b: $\frac{1}{6}x + 45$; 9c: $(\frac{1}{6}x + \frac{1}{6}x + 45) : 2$; 9d: $\frac{1}{5}x + 25$; 9e: 141,50 €

$\frac{1}{6}x + \frac{1}{6}x + 45 + (\frac{1}{6}x + \frac{1}{6}x + 45) : 2 + \frac{1}{5}x + 25 + 141,50 = x$

zu b) $\frac{42}{60}x + 234 = \frac{60}{60}x$; $x = 780$ [€];

zu c) 9a: 130 €; 9b: 175 €; 9c: 152,50 €; 9d: 181 €; 9e: 141,50 €;

MAT

Wir lösen Textgleichungen mit Klammern

❶ Wähle richtig aus!

Wenn du eine Zahl um 7 verminderst und die Differenz mit 6 vervielfachst, erhältst du dreimal so viel, als wenn du die Zahl um 4 verminderst.

a) $x - 7 \cdot 6 = 4 \cdot 3 - x$

b) $(x - 7) \cdot 6 = 3 \cdot (x - 4)$

c) $(7 - x) \cdot 6 = 3x - 4$

❷ Wähle richtig aus!

$(x + 3) \cdot 3 = 12$

a) Wenn ich das Dreifache einer Zahl um 3 vermehre und das Ergebnis mit 3 multipliziere, erhalte ich 12.

b) Wenn ich eine Zahl verdreifache und um 3 vermehre, erhalte ich 12.

c) Wenn ich eine Zahl um 3 vermehre und die Summe verdreifache, erhalte ich 12.

❸ a) Ordne jedem Text die richtige Aufgabe zu!

① ... und die Differenz verdoppelt ...

② ... und die Summe vervierfache ...

③ ... siebenmal so viel, als wenn die Zahl um 4 vermehrt wird ...

④ ... die Differenz halbierst ...

⑤ ... die Summe viertelst ...

① $3 \cdot 14 = 7 (x + 4)$

② $(x - 90) : 2 = 90$

③ $(x + 6) : 4 = 4 \cdot 15$

④ $(x - 90) \cdot 2 = 90$

⑤ $(x + 6) \cdot 4 = 15 \cdot 4$

b) Formuliere jede Gleichung in eine Textgleichung um!

❹ Lösen von Gleichungen

① Subtrahiert man vom Vierfachen einer Zahl die Zahl 37 und multipliziert die Differenz mit 12, so erhält man 276.

② Suche eine Zahl, deren Siebenfaches um 23 größer ist als das Sechsfache der um 3 verminderten Zahl!

③ Subtrahiert man von 45 eine Zahl und multipliziert die Differenz mit 35, so erhält man das Fünfzehnfache der um 5 vermehrten Zahl.

④ Wenn ich vom Achtfachen einer um 3 verminderten Zahl 12 subtrahiere, erhalte ich 4 mehr als das Vierfache der Zahl.

⑤ Das Sechsfache einer um 5 verminderten Zahl ergibt doppelt so viel, als wenn ich die Zahl um 90 vermehre.

⑥ Bilde die Summe aus dem Fünffachen einer Zahl und 15 und subtrahiere davon die Summe aus dem Achtfachen der Zahl und 40! Du erhältst dasselbe, als wenn du von der Zahl 65 subtrahierst.

⑦ Das Fünffache der um 12 vermehrten Zahl übertrifft das Achtfache der um 3 verminderten Zahl um 60.

⑧ Dividiert man die Summe aus einer Zahl und 7 durch 5, so erhält man dasselbe, als wenn man die Differenz aus der Zahl und 7 mit 3 multipliziert.

⑨ Wenn man eine Zahl um 7 vermindert und die entstehende Differenz mit 5 multipliziert, so erhält man halb so viel wie das Dreifache der Zahl.

MAT		

Wir lösen Textgleichungen mit Klammern (Lösungen)

❶ **Wähle richtig aus!**

Wenn du eine Zahl um 7 verminderst und die Differenz mit 6 vervielfachst, erhältst du dreimal so viel, als wenn du die Zahl um 4 verminderst.

b) $(x - 7) \cdot 6 = 3 \cdot (x - 4)$

❷ **Wähle richtig aus!**

$(x + 3) \cdot 3 = 12$

c) Wenn ich eine Zahl um 3 vermehre und die Summe verdreifache, erhalte ich 12.

❸ **a) Ordne jedem Text die richtige Aufgabe zu!**

    ① ... und die Differenz verdoppelt ...   ① $3 \cdot 14 = 7 (x + 4)$

    ② ... und die Summe vervierfache ...   ② $(x - 90) : 2 = 90$

    ③ ... siebenmal so viel, als wenn die   ③ $(x + 6) : 4 = 4 \cdot 15$
       Zahl um 4 vermehrt wird ...

    ④ ... die Differenz halbierst ...   ④ $(x - 90) \cdot 2 = 90$

    ⑤ ... die Summe viertelst ...   ⑤ $(x + 6) \cdot 4 = 15 \cdot 4$

b) Formuliere jede Gleichung in eine Textgleichung um!

zu ① Bilde das Produkt aus 3 und 14, so erhältst du siebenmal so viel, als wenn du die Zahl um 4 vermehrst.

zu ② Die halbe Differenz aus einer Zahl und 90 ergibt 90.

zu ③ Der vierte Teil der Summe aus einer Zahl und 6 ergibt ebenso viel wie das Produkt aus 4 und 15.

zu ④ Die doppelte Differenz aus einer Zahl und 90 ergibt 90.

zu ⑤ Die Summe aus einer Unbekannten und 6, vervielfacht mit 4 ergibt ebenso viel wie die Zahl 15, multipliziert mit 4.

❹ **Lösen von Gleichungen**

zu ① $(4x - 37) \cdot 12 = 276$ / $x = 15$;

zu ② $x \cdot 7 + 23 = 6 (x - 3)$ / $x = -41$;

zu ③ $(45 - x) \cdot 35 = 15 (x + 5)$ / $x = 30$;

zu ④ $8 (x - 3) - 12 = 4x + 4$ / $x = 10$;

zu ⑤ $6 (x - 5) = 2 (x + 90)$ / $x = 52,5$;

zu ⑥ $(5x + 15) - (8x + 40) = x - 65$ / $x = 10$;

zu ⑦ $5 (x + 12) = 8 (x - 3) + 60$ oder $5 (x + 12) - 60 = 8 (x - 3)$ / $x = 8$;

zu ⑧ $(x + 7) : 5 = (x - 7) \cdot 3$ / $x = 8$;

zu ⑨ $(x - 7) \cdot 5 = \frac{3x}{2}$ oder $(x - 7) 5 = \frac{1}{2} \cdot 3 x$ / $x = 10$;

                       oder $(x - 7) 5 = 3 x : 2$

MAT

Übungsaufgaben zu algebraischen Gleichungen und Textgleichungen

❶ $15\,x - 4\,(867 : 17 - 36) - 14\frac{7}{8}\,x - 12 = 45 + (765 : 5 - 9) : 6 + 248$

❷ $134 - 18\,(155 \cdot 8 - 122 \cdot 9) - 6\frac{1}{5}x + 14 + 6x = 14 - 23\,(966 : 3 - 112)$

❸ Addiere zur fünffachen Differenz aus 128 und 16 das 18fache einer Zahl; subtrahiere davon das Produkt aus 1,5 und 42 und danach noch das $17\frac{6}{7}$fache der Zahl, dann erhältst du den Quotienten aus 225 und 5, vermindert um 38.

❹ Vermindere das 25fache einer Zahl um den vierfachen Quotienten aus 650 und 25 und subtrahiere davon das $24\frac{3}{4}$fache der Zahl, dann erhältst du doppelt so viel, wie wenn du 50 um 25 vermehrst.

❺ $48\frac{1}{2}x - 5\,(443 - 411 : 3 + 4) - 48\frac{2}{5}x - 24 = 16 - (31 \cdot 17 + 2 \cdot 349) : 35 - 904$

❻ $14\,x + 19\,(192 : 6 - 1410 : 30 + 24) - 14\frac{1}{6}x - 228 = (513 : 9 - 36)\,12 + 19$

❼ $44\frac{1}{2}x - 8\,(402 : 6 + 8) - 43\frac{5}{8}x - 44 = 12\,(315 : 9 - 14) + 16 + 5$

❽ Vermindere das Sechseinviertelfache einer Zahl um die doppelte Differenz aus 112 und 87 und subtrahiere nun das $5\frac{1}{2}$fache der unbekannten Zahl, dann erhältst du die dreifache Summe aus 104 und 11, vermehrt um das Produkt aus 11 und 5.

❾ $62 - 6\frac{1}{5}x + 17\,(88 \cdot 5 - 1200 : 3) - 3\frac{1}{2}x = 8\,(114 : 2 - 7) - 531$

❿ Vermindere den Quotienten aus 450 und 9 um das $2\frac{7}{8}$fache einer Zahl und addiere danach das Produkt aus 6,5 und 42 und danach noch das Achteinviertelfache der unbekannten Zahl, dann erhältst du die vierfache Summe aus 52 und 118, vermehrt um 202.

Für schnelle Rechner:

① $58 - 18\,(55 \cdot 12 - 34 \cdot 15) - 18\frac{1}{3}x + 44 = 16\,(64 - 196 : 7) - 22\frac{1}{4}x - 72$

② Vermindere das Produkt aus 48 und 15 um die sechsfache Summe von 144 und 11 und subtrahiere nun noch das Siebeneinhalbfache der gesuchten Zahl, dann erhältst du die achtfache Differenz von 444 und 319, vermehrt um das Fünffache der gesuchten Zahl.

③ $1291 + 18\frac{3}{4}x + 17\,(24 + 625 : 25) - 9\frac{1}{2}x = 48 - 6\frac{2}{3}x + 27 \cdot 183$

Übungsaufgaben zu algebraischen Gleichungen und Textgleichungen

(Lösungen)

zu ❶

$$15\,x - 4\,(867 : 17 - 36) - 14\tfrac{7}{8}\,x - 12 \quad = \quad 45 + (765 : 5 - 9) : 6 + 248$$

$$15\,x - 4\,(51 - 36) - 14\tfrac{7}{8}\,x - 12 \quad = \quad 45 + (153 - 9) : 6 + 248$$

$$15\,x - 4 \cdot 15 - 14\tfrac{7}{8}\,x - 12 \quad = \quad 45 + 144 : 6 + 248$$

$$15\,x - 60 - 14\tfrac{7}{8}\,x - 12 \quad = \quad 45 + 24 + 248$$

$$\tfrac{1}{8}\,x - 72 \quad = \quad 317 \qquad\qquad / + 72$$

$$\tfrac{1}{8}\,x \quad = \quad 389 \qquad\qquad / \cdot 8$$

$$\underline{x \ = \ 3112}\ ;$$

zu ❷

$$134 - 18\,(155 \cdot 8 - 122 \cdot 9) - 6\tfrac{1}{5}\,x + 14 + 6\,x \quad = \quad 14 - 23\,(966 : 3 - 112)$$

$$134 - 18\,(1240 - 1098) - 6\tfrac{1}{5}\,x + 14 + 6x \quad = \quad 14 - 23\,(322 - 112)$$

$$134 - 18 \cdot 142 - 6\tfrac{1}{5}\,x + 14 + 6\,x \quad = \quad 14 - 23 \cdot 210$$

$$134 - 2556 - 6\tfrac{1}{5}\,x + 14 + 6x \quad = \quad 14 - 4830$$

$$-2408 - \tfrac{1}{5}\,x \quad = \quad -4816 \qquad\qquad / + \tfrac{1}{5}\,x + 4816$$

$$2408 \quad = \quad \tfrac{1}{5}\,x \qquad\qquad / \cdot 5$$

$$\underline{12\,040 \ = \ x}\ ;$$

zu ❸

$$5\,(128 - 16) + 18\,x - 1{,}5 \cdot 42 - 17\tfrac{6}{7}\,x \quad = \quad 225 : 5 - 38$$

$$5 \cdot 112 + 18\,x - 63 - 17\tfrac{6}{7}\,x \quad = \quad 45 - 38$$

$$497 + \tfrac{1}{7}\,x \quad = \quad 7 \qquad\qquad / - 497$$

$$\tfrac{1}{7}\,x \quad = \quad -490 \qquad\qquad / \cdot 7$$

$$\underline{x \ = \ -3430}\ ;$$

zu ❹

$$25\,x - 4\,(650 : 25) - 24\tfrac{3}{4}\,x \quad = \quad 2\,(50 + 25)$$

$$25\,x - 4 \cdot 26 - 24\tfrac{3}{4}\,x \quad = \quad 2 \cdot 75$$

$$25\,x - 104 - 24\tfrac{3}{4}\,x \quad = \quad 150$$

$$\tfrac{1}{4}\,x - 104 \quad = \quad 150 \qquad\qquad / + 104$$

$$\tfrac{1}{4}\,x \quad = \quad 254 \qquad\qquad / \cdot 4$$

$$\underline{x \ = \ 1016}\ ;$$

zu ❺

$$48\tfrac{1}{2}\,x - 5\,(443 - 411 : 3 + 4) - 48\tfrac{2}{5}\,x - 24 \quad = \quad 16 - (31 \cdot 17 + 2 \cdot 349) : 35 - 904$$

$$48\tfrac{1}{2}\,x - 5\,(443 - 137 + 4) - 48\tfrac{2}{5}\,x - 24 \quad = \quad 16 - (527 + 698) : 35 - 904$$

$$48\tfrac{5}{10}\,x - 5 \cdot 310 - 48\tfrac{4}{10}\,x - 24 \quad = \quad 16 - 1225 : 35 - 904$$

$$48\tfrac{5}{10}\,x - 1550 - 48\tfrac{4}{10}\,x - 24 \quad = \quad 16 - 35 - 904$$

$$\tfrac{1}{10}\,x - 1574 \quad = \quad -923 \qquad\qquad / + 1574$$

$$\tfrac{1}{10}\,x \quad = \quad 651 \qquad\qquad / \cdot 10$$

$$\underline{x \ = \ 6510}\ ;$$

Übungsaufgaben zu algebraischen Gleichungen und Textgleichungen
(Lösungen)

zu ❻ $14x + 19(192:6 - 1410:30 + 24) - 14\frac{1}{6}x - 228 = (513:9 - 36)\cdot 12 + 19$

$14x + 19(32 - 47 + 24) - 14\frac{1}{6}x - 228 = (57 - 36)\cdot 12 + 19$

$14x + 19\cdot 9 - 14\frac{1}{6}x - 228 = 21\cdot 12 + 19$

$14x + 171 - 14\frac{1}{6}x - 228 = 252 + 19$

$-\frac{1}{6}x - 57 = 271 \qquad /+57$

$-\frac{1}{6}x = 328 \qquad /\cdot 6$

$-x = 1968 \qquad /\cdot(-1)$

$\underline{x = -1968}$;

zu ❼ $44\frac{1}{2}x - 8(402:6 + 8) - 43\frac{5}{8}x - 44 = 12(315:9 - 14) + 16 + 5$

$44\frac{1}{2}x - 8(67 + 8) - 43\frac{5}{8}x - 44 = 12(35 - 14) + 21$

$44\frac{1}{2}x - 8\cdot 75 - 43\frac{5}{8}x - 44 = 12\cdot 21 + 21$

$44\frac{4}{8}x - 600 - 43\frac{5}{8}x - 44 = 252 + 21$

$\frac{7}{8}x - 644 = 273 \qquad /+644$

$\frac{7}{8}x = 917 \qquad /\cdot\frac{8}{7}$

$\underline{x = 1048}$;

zu ❽ $6\frac{1}{4}x - 2(112 - 87) - 5\frac{1}{2}x = 3(104 + 11) + 11\cdot 5$

$6\frac{1}{4}x - 2\cdot 25 - 5\frac{1}{2}x = 3\cdot 115 + 55$

$6\frac{1}{4}x - 50 - 5\frac{2}{4}x = 345 + 55$

$\frac{25}{4}x - 50 - \frac{22}{4}x = 400$

$\frac{3}{4}x - 50 = 400 \qquad /+50$

$\frac{3}{4}x = 450 \qquad /\cdot\frac{4}{3}$

$\underline{x = 600}$;

zu ❾ $62 - 6\frac{1}{5}x + 17(88\cdot 5 - 1200:3) - 3\frac{1}{2}x = 8(114:2 - 7) - 531$

$62 - 6\frac{1}{5}x + 17(440 - 400) - 3\frac{1}{2}x = 8\cdot(57 - 7) - 531$

$62 - 6\frac{2}{10}x + 17\cdot 40 - 3\frac{5}{10}x = 8\cdot 50 - 531$

$62 - \frac{62}{10}x + 680 - \frac{35}{10}x = 400 - 531$

$742 - \frac{97}{10}x = -131 \qquad /-742$

$-\frac{97}{10}x = -873 \qquad /\cdot\frac{10}{97}$

$-x = -90 \qquad /\cdot(-1)$

$\underline{x = 90}$;

Übungsaufgaben zu algebraischen Gleichungen und Textgleichungen

(Lösungen)

zu ❿
$$450 : 9 - 2\frac{7}{8}x + 6{,}5 \cdot 42 + 8\frac{1}{4}x = 4\,(52 + 118) + 202$$
$$50 - \frac{23}{8}x + 273 + \frac{33}{4}x = 4 \cdot 170 + 202$$
$$50 - \frac{23}{8}x + 273 + \frac{66}{8}x = 680 + 202$$
$$323 + \frac{43}{8}x = 882 \qquad / -323$$
$$\frac{43}{8}x = 559 \qquad / \cdot \frac{8}{43}$$
$$\underline{x = 104}\,;$$

Für schnelle Rechner:

zu ①
$$58 - 18\,(55 \cdot 12 - 34 \cdot 15) - 18\frac{1}{3}x + 44 = 16\,(64 - 196 : 7) - 22\frac{1}{4}x - 72$$
$$58 - 18\,(660 - 510) - 18\frac{1}{3}x + 44 = 16\,(64 - 28) - 22\frac{1}{4}x - 72$$
$$58 - 18 \cdot 150 - \frac{55}{3}x + 44 = 16 \cdot 36 - \frac{89}{4}x - 72$$
$$58 - 2700 - \frac{55}{3}x + 44 = 576 - \frac{89}{4}x - 72$$
$$-2598 - \frac{220}{12}x = 504 - \frac{267}{12}x \qquad / +\frac{267}{12}x + 2598$$
$$\frac{47}{12}x = 3102 \qquad / \cdot \frac{12}{47}$$
$$\underline{x = 792}\,;$$

zu ②
$$48 \cdot 15 - 6\,(144 + 11) - 7\frac{1}{2}x = 8\,(444 - 319) + 5x$$
$$720 - 6 \cdot 155 - \frac{15}{2}x = 8 \cdot 125 + \frac{10}{2}x$$
$$720 - 930 - \frac{15}{2}x = 1000 + \frac{10}{2}x$$
$$-210 - \frac{15}{2}x = 1000 + \frac{10}{2}x \qquad / +\frac{15}{2}x - 1000$$
$$-1210 = \frac{25}{2}x \qquad / \cdot \frac{2}{25}$$
$$\underline{-96{,}8 = x}\,;$$

zu ③
$$1291 + 18\frac{3}{4}x + 17\,(24 + 625 : 25) - 9\frac{1}{2}x = 48 - 6\frac{2}{3}x + 27 \cdot 183$$
$$1291 + 18\frac{3}{4}x + 17\,(24 + 25) - 9\frac{1}{2}x = 48 - 6\frac{2}{3}x + 4941$$
$$1291 + \frac{75}{4}x + 17 \cdot 49 - \frac{19}{2}x = 48 - \frac{20}{3}x + 4941$$
$$1291 + \frac{225}{12}x + 883 - \frac{114}{12}x = 48 - \frac{80}{12}x + 4941$$
$$2124 + \frac{111}{12}x = 4989 - \frac{80}{12}x \qquad / +\frac{80}{12}x - 2124$$
$$\frac{191}{12}x = 2865 \qquad / \cdot \frac{12}{191}$$
$$\underline{x = 180}\,;$$

THEMA

Wir bestimmen und rechnen Größen um

LERNZIELE

- Grundgrößen erkennen und beschreiben können
- Die Einheiten der Grundgrößen wissen und umrechnen können
- Mit Größen rechnen können

ARBEITSMITTEL/MEDIEN/LITERATURHINWEISE

- Arbeitsblätter (5)
- Lösungen zu den Arbeitsblättern
- Gegenstände: Fläche: Pappe; Gewichte; Stoppuhr, Hohlkörper: Würfel; Lineal; Winkelmesser; Thermometer; Geldstücke
- Folien
- Übungsaufgaben S. 145 aus: Bernd Meierhöfer: Mathematik in der Hauptschule für die 9. Klasse; © Verlag E.C. Baumann KG, Kulmbach

TAFELBILD/FOLIEN

Wir bestimmen und rechnen Größen um

①

②

③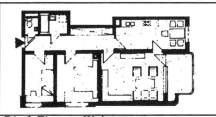

*Die 3-Zimmer-Wohnung
mit 77 m² Wohnfläche*

Preisbeispiele:
3-Zi-Whg., 77 m², € **197.300,–**
4-Zi.-Whg., 88 m², € **226.200,–**

④

Buick Skylark 4-türiger Limited Sedan. *Kraftstoffverbrauch (Normal) nach DIN 70030, Teil 1, in 1/100 km: bei 90 km/h 8.7, bei 120 km/h 10.9, im Stadtzyklus 13.8

❶ Welche vier Situationen sind hier dargestellt?

❷ In diesen Situationen ist von verschiedenen Größen die Rede.

❸ Es könnten dabei folgende Maßangaben vorkommen:

3,5 kg	35 min	16 mm
2,56 m	350 g	12 m²
15,20 €	$2\frac{1}{4}$ Std	85 mm
12 Stck	$1\frac{1}{2}$ l	45°

Stundenbild

I. Hinführung

	TLP (S. 135)	4 Situationen
Aussprache		Welche Situationen?
	TA	a) Geschäft: Supermarkt
		b) Handwerker isoliert Wand
		c) Grundriss Wohnung
		d) Auto

In diesen Situationen ist von verschiedenen Größen die Rede!
Von welchen?
zu a) Geld/Preise - € ; Menge - Stck; ...
zu b) Fläche - m^2; Isolierung - Grad (°); ...
zu c) Wohnfläche m^2; Preis - € ; ...
zu d) Geschwindigkeit - km/h; Verbrauch - l/km; ...

L zeigt
Gegenstände

Geldstück / Lineal / Gewicht / Fläche Pappe
Stoppuhr / Winkelmesser /Hohlkörper Würfel

Zielangabe   TA | **Wir bestimmen und rechnen Größen um** |

II. Erarbeitung

LSG zu den
Gegenständen

Grundgrößen

Zsf.   TA

Größenbereich	Einheit	Umwandlung
Geldwert		1 € → 100 Ct
Längen	1 m	1 m → 10 dm → 100 cm → 1000 mm
Flächen	1 m^2	1 m^2 → 100 dm^2 → 10 000 cm^2 → 1 000 000 mm^2
Volumen	1 m^3	1 m^3 → 1000 dm^3 → 1 000 000 cm^3 → 1 000 000 000 mm^3
Masse	1 t	1 t → 100 kg → 1 000 000 g
Zeit	1 h	1 h → 60 min → 3600 s
Winkel	1°	1° → 60° → 3600°°

Eintrag   AB 1

III. Sicherung/Vertiefung

AB 2/3   Wir rechnen Größen in verschiedene Einheiten um

IV. Ausweitung/Übung

AB 4   Wir rechnen Größen um

(Hausaufgabe)

AB 5   Wir rechnen mit verschiedenen Größen

(Übungseinheiten)

MAT

Wir bestimmen und rechnen Größen um

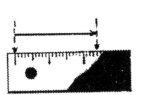   

Größe: _____ _____ _____ _____

**Maßzahl und
Maßeinheit:** _____ _____ _____ _____

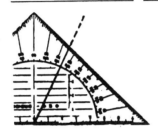  

Größe: _____ _____ _____

**Maßzahl und
Maßeinheit:** _____ _____ _____

Größen werden durch eine _____ und eine

_____ gemessen.

Maßeinheiten Längen	Maßeinheiten Flächen	Maßeinheiten Volumen	Maßeinheiten Gewicht	Maßeinheiten Zeit
_____	_____	_____	_____	_____
_____	_____	_____	_____	_____
_____	_____	_____	_____	_____
_____	_____	_____	_____	_____
_____	_____	_____	_____	_____

Übungen:

Schreibe die Größen in der in Klammern angegebenen Einheit.

$\frac{3}{4}$ min (s) _____   315 min (h) _____ $6\frac{3}{4}$ h (min) _____

3,7 kg (g) _____   17039 kg (t) _____   1200 g (t) _____

146 mm (cm) _____   0,750 km (m) _____   2,5 m (mm) _____

12,3 cm^2 (mm^2) _____   740 cm^2 (dm^2) _____   0,25 m^2 (cm^2) _____

3,5 m^3 (dm^3) _____   12,25 cm^3 (mm^3) _____ $\frac{1}{2}$ m^3 (dm^3) _____

MAT

Wir bestimmen und rechnen Größen um

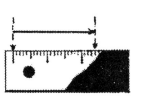  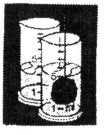 

Größe:	Länge	Fläche	Volumen	Gewicht
Maßzahl und Maßeinheit:	2,4 cm	ca. 6 cm²	5 cm³/5 ml	780 g

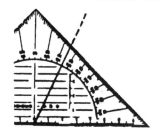  

Größe:	Winkel	Zeit	Währung (Geld)
Maßzahl und Maßeinheit:	65 °	25 s	1,60 €

Größen werden durch eine _____ **Maßzahl** _____ und eine
_____ **Maßeinheit** _____ gemessen.

Maßeinheiten Längen	Maßeinheiten Flächen	Maßeinheiten Volumen	Maßeinheiten Gewicht	Maßeinheiten Zeit
mm	mm²	mm³	mg	s (sec)
cm	cm²	cm³ (ml)	g	min
dm	dm²	dm³ (l)	kg	h (Std.)
m	m²	m³	t	Tag
km	a/ha/km²	km³	Ztr/dz	Monat/Jahr

Übungen:

Schreibe die Größen in der in Klammern angegebenen Einheit.

$\frac{3}{4}$ min (s)	**45 s**	315 min (h)	**5,25 h**	$6\frac{3}{4}$ h (min)	**405 min**
3,7 kg (g)	**3700 g**	17039 kg (t)	**17,039 t**	1200 g (t)	**0,0012 t**
146 mm (cm)	**14,6 cm**	0,750 km (m)	**750 m**	2,5 m (mm)	**2500 mm**
12,3 cm² (mm²)	**1230 mm²**	740 cm² (dm²)	**7,4 dm²**	0,25 m² (cm²)	**2500 cm²**
3,5 m³ (dm³)	**3500 dm³**	12,25 cm³ (mm³)	**12 250 mm³**	$\frac{1}{2}$ m³ (dm³)	**500 dm³**

MAT

Wir rechnen Größen in verschiedene Einheiten um (1)

❶ **Ordne folgende Größen in die richtige Tabellenspalte:**

6 m, 20 m², 27 m³, 39 kg, 500 g, 51 s, 97 m³, 190 mm², 16 min, 85,20 €, 200 t, 16 cm³, 7 dz, 8 Std., 80 km, 5,29 €, 18 dm², 47 ha, 97 mm, **23 Ct**

Länge	Fläche	Volumen	Gewicht	Zeit	Währung

❷ **Schreibe in m mit Komma!**

2 m 29 cm   5 m 3 mm   12 m 7 mm   17 m 85 cm   8 dm 5 mm

_____   _____   _____   _____   _____

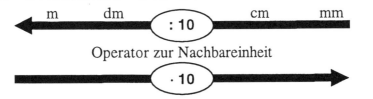

LÄNGE

Operator zur Nachbareinheit

❸ **Schreibe in der nächst größeren Einheit!**

5200 m²   56 000 mm²   7 dm²   1,4 a   300 125 ha   80 cm²

_____   _____   _____   _____   _____   _____

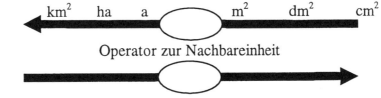

FLÄCHE

Operator zur Nachbareinheit

❹ **Verwandle in die nächst größere Einheit !**

425 000 cm³   480 mm³   38 450 dm³   7 mm³   24 000 475 cm³

_____   _____   _____   _____   _____

VOLUMEN

Operator zur Nachbareinheit

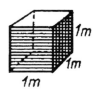

❺ **Schreibe in verschiedener Weise!**

14,9 kg = _____ kg _____ g   7,5 t = _____ t _____ kg

9,008 kg = _____ kg _____ g   18,44 t = _____ t _____ kg

GEWICHT

Operator zur Nachbareinheit

MAT

Wir rechnen Größen in verschiedene Einheiten um (1)

❶ Ordne folgende Größen in die richtige Tabellenspalte:

6 m, 20 m², 27 m³, 39 kg, 500 g, 51 s, 97 m³, 190 mm², 16 min, 85,20 €, 200 t, 16 cm³, 7 dz, 8 Std., 80 km, 5,29 €, 18 dm², 47 ha, 97 mm, 23 Ct

Länge	Fläche	Volumen	Gewicht	Zeit	Währung
6 m	20 m²	27 m³	39 kg	51 s	85,20 €
80 km	190 mm²	97 m³	500 g	16 min	5,29 €
97 mm	18 dm²	16 cm³	200 t	8 Std.	23 Ct
	47 ha		7 dz		

❷ Schreibe in m mit Komma!

2 m 29 cm	5 m 3 mm	12 m 7 mm	17 m 85 cm	8 dm 5 mm
2,29 m	**5,003 m**	**12,007 m**	**17,85 m**	**0,805 m**

LÄNGE

m   dm   : 10   cm   mm

Operator zur Nachbareinheit

· 10

1 m

❸ Schreibe in der nächst größeren Einheit!

5200 m²	56 000 mm²	7 dm²	1,4 a	300 125 ha	80 cm²
52 a	**560 cm²**	**0,07 m²**	**0,014 ha**	**3001,25 km²**	**0,8 dm³**

FLÄCHE

km²   ha   a   : 100   m²   dm²   cm²

Operator zur Nachbareinheit

· 100

1 m
1 m

❹ Verwandle in die nächst größere Einheit !

425 000 cm³	480 mm³	38 450 dm³	7 mm³	24 000 475 cm³
425 dm³	**0,48 cm³**	**38,45 m³**	**0,007 cm³**	**24 000,475 dm³**

VOLUMEN

m³   dm³   : 1000   cm³   mm³

Operator zur Nachbareinheit

· 1000

1m
1m
1m

❺ Schreibe in verschiedener Weise!

14,9 kg = **$14\frac{9}{10}$** kg   **14 900** g   7,5 t = **$7\frac{1}{2}$** t   **7 500** kg

9,008 kg = **$9\frac{8}{1000}$** kg   **9 008** g   18,44 t = **$18\frac{44}{100}$** t   **18 440** kg

GEWICHT

t   kg   : 1000   g   mg

Operator zur Nachbareinheit

· 1000

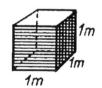

MAT

Wir rechnen Größen in verschiedene Einheiten um (2)

❻ **Verwandle in hl!**

3845 l	7 hl 21 l	49 l	8 hl 34 l	345 789 l	0,5 l
_____	_____	____	_____	_____	_____

VOLUMEN/MASSE

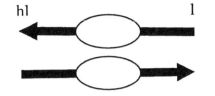

❼ **Rechne um in Minuten!**

7 Std	25 Std	9 Std 20 Min	1 Tag 5 Std 2 Min
_____	_____	_____	_____

ZEIT

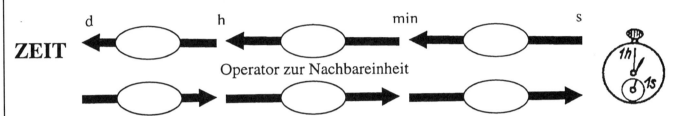

Operator zur Nachbareinheit

❽ **Rechne mit Geld !**

0,60 € + 0,50 € = _____   4 € – 2,75 € = _____

8,47 € + 10,75 € = _____   3,04 € : 4   = _____

WÄHRUNG

Operator zur Nachbareinheit

❾ **Rechne mit verschiedenen Größen!**

Hier sollst du nachweisen, dass du mit Größen rechnen kannst.

① Die Zaunpfosten stehen 3,50 m auseinander. Wie lang ist der Zaun, wenn 16 Pfosten gesetzt wurden? Am Anfang und Ende steht je ein Pfosten.

② Ein rechteckiges Bild mit den Maßen 72 cm x 0,45 m soll auf einem Bildträger befestigt werden, so dass ringsum ein Rand von einem Dezimeter bleibt.

③ Ein Wasserbehälter fasst $5\frac{1}{2}$ hl. Jede Minute fließen durch eine Röhre 50 Liter aus. Wann ist der Behälter leer?

④ Die Turnhalle einer Schule hat die Maße 21 m x 10 m. Wie viel Quadratmeter stehen jedem der 42 Sportler durchschnittlich zur Verfügung?

⑤ Ein Zehnpfennigstück wiegt 4 g. Welchen Wert haben 2,5 kg davon?

⑥ Ein Aufzug fährt nur, wenn die Tragkraft von 600 kg nicht überschritten wird. Mit welcher durchschnittlichen Masse wurde gerechnet, wenn der Aufzug für 8 Personen zugelassen ist? Ist die Tragkraft überschritten, wenn
a) 7 Personen à 84 kg und ein Hund mit 35 kg zusteigen?
b) 2 Monteure mit je 95 kg und Arbeitsmaterial von 30 000 g zusteigen, sich jedoch schon ein 90 kg schwerer Fahrgast mit 3 Kisten von je 0,1 t im Aufzug befindet?

⑦ Wie alt bist du mit 1000 Wochen?

MAT

Wir rechnen Größen in verschiedene Einheiten um (2)

❻ Verwandle in hl!

3845 l	7 hl 21 l	49 l	8 hl 34 l	345 789 l	0,5 l
38,45 hl	**7,21 hl**	**0,49 hl**	**8,34 hl**	**3457,89 hl**	**0,005 hl**

VOLUMEN/MASSE

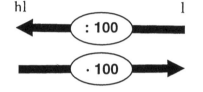

❼ Rechne um in Minuten!

7 Std	25 Std	9 Std 20 Min	1 Tag 5 Std 2 Min
420 min	**1500 min**	**560 min**	**1742 min**

ZEIT

Operator zur Nachbareinheit

❽ Rechne mit Geld !

0,60 € + 0,50 € =	**1,10 €**	4 € − 2,75 € =	**1,25 €**
8,47 € + 10,75 € =	**19,22 €**	3,04 € : 4 =	**0,76 €**

WÄHRUNG

Operator zur Nachbareinheit

❾ Rechne mit verschiedenen Größen!

zu ①   16 Pfosten $15 \cdot 3{,}5 =$ <u>52,5 [m]</u> ;

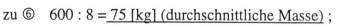

15 Zwischenräume

zu ②   A = a · b = 92 · 65 = 5980 [cm²] = <u>59,8 [dm²]</u> ;

zu ③ $5\frac{1}{2}$ hl = $5\frac{1}{2}$ · 100 = <u>550 [l]</u> ;   550 : 50 = <u>11 [min]</u> ;

zu ④   A = a · b = 21 · 10 = <u>210 [m²]</u> ; 210 : 42 = <u>5 [m²]</u> ;

zu ⑤   2,5 [kg] = <u>2500 [g]</u> ;   2500 : 4 = <u>625 [Stck]</u> ;

        625 · 0,10 = <u>62,50 [€]</u> ;

zu ⑥   600 : 8 = <u>75 [kg]</u> (durchschnittliche Masse) ;

       a) 7 · 84 kg + 35 kg = <u>632 [kg]</u> (zu schwer) ;

       b) 2 · 95 kg + 30 000 g + 90 kg + 3 · 0,1 t =

           190 + 30 + 90 + 3 · 100 = <u>610 [kg]</u> (zu schwer) ;

zu ⑦   1000 : 52 = <u>19,230769 [Jahre]</u> ;   <u>19 Jahre 84 Tage</u> ;

MAT

<u>Wir rechnen Größen um</u>

❶ Wandle um in m, dm, cm und mm!

1,4578 m	=	_____
24,45 dm	=	_____
256,76 m	=	_____
146,7 mm	=	_____
78,58 cm	=	_____
98,46 dm	=	_____

❷ Wandle um in m^2, dm^2, cm^2 und mm^2!

13,578 m^2	=	_____
25,489 dm^2	=	_____
7,896 cm^2	=	_____
235,76 dm^2	=	_____
793,8 mm^2	=	_____
413,89 cm^2	=	_____

❸ Wandle um in m^3, dm^3, cm^3 und mm^3!

35,698 m^3	=	_____
47,98 cm^3	=	_____
7,9231 dm^3	=	_____
9421,4 mm^3	=	_____
9,1743 cm^3	=	_____
23,1746 m^3	=	_____

❹ Wandle um in t, kg und g!

2,98367 t	=	_____
457,894 kg	=	_____
89 564,3 g	=	_____
56,785 g	=	_____
0,027849 t	=	_____
7,5493 kg	=	_____

MAT

Wir rechnen Größen um

❶ Wandle um in m, dm, cm und mm! 1 Dezimalstelle (10-er Schritt)

1,4578 m	=	**14,578 dm ; 145,78 cm ; 1457,8 mm ;**
24,45 dm	=	**2,445 m ; 244,5 cm ; 2455 mm ;**
256,76 m	=	**2567,6 dm ; 25 676 cm ; 256 760 mm ;**
146,7 mm	=	**14,67 cm ; 1,467 dm ; 0,1467 m ;**
78,58 cm	=	**785,8 mm ; 7,858 dm ; 0,7858 m ;**
98,46 dm	=	**9,846 m ; 984,6 cm ; 9846 mm ;**

❷ Wandle um in m^2, dm^2, cm^2 und mm^2! 2 Dezimalstellen (100-er Schritt)

13,578 m^2	=	**1357,8 dm^2 ; 135 780 cm^2 ; 13 578 000 mm^2 ;**
25,489 dm^2	=	**0,25489 m^2 ; 2 548,9 cm^2 ; 254 890 mm^2 ;**
7,896 cm^2	=	**789,6 mm^2 ; 0,07896 dm^2 ; 0,0007896 m^2 ;**
235,76 dm^2	=	**2,3576 m^2 ; 23 576 cm^2 ; 2 357 600 mm^2 ;**
793,8 mm^2	=	**7,938 cm^2 ; 0,07938 dm^2 ; 0,0007938 m^2 ;**
413,89 cm^2	=	**41 389 mm^2 ; 4,1389 dm^2 ; 0,041389 m^2 ;**

❸ Wandle um in m^3, dm^3, cm^3 und mm^3! 3 Dezimalstellen (1000-er Schritt)

35,698 m^3	=	**35 698 dm^3 ; 35 698 000 cm^3 ; 35 698 000 000 mm^3 ;**
47,98 cm^3	=	**47 980 mm^3 ; 0,04798 dm^3 ; 0,00004798 m^3 ;**
7,9231 dm^3	=	**0,0079231 m^3 ; 7923,1 cm^3 ; 7 923 100 mm^3 ;**
9 421,4 mm^3	=	**9,4214 cm^3 ; 0,0094214 dm^3 ; 0,0000094214 m^3 ;**
9,1743 cm^3	=	**9174,3 mm^3 ; 0,0091743 ; 0,0000091743 m^3 ;**
23,1746 m^3	=	**23 174,6 dm^3 ; 23 174 600 cm^3 ; 23 174 600 000 mm^3 ;**

❹ Wandle um in t, kg und g! 3 Dezimalstellen (1000-er Schritt)

2,98367 t	=	**2983,67 kg ; 2 983 670 g ;**
457,894 kg	=	**0,457894 t ; 457 894 g ;**
89 564,3 g	=	**89,5643 kg ; 0,0895643 t ;**
56,785 g	=	**0,056785 kg ; 0,000056785 t ;**
0,027849 t	=	**27,849 kg ; 27 849 g ;**
7,5493 kg	=	**0,0075493 t ; 7549,3 g ;**

MAT	

Wir rechnen mit verschiedenen Größen

❶ Gehe mit Längenmaßen um!

a) 8,5 m + 3,2 m + 9,8 m + 17,5 m

b) 20 dm + 33 m – 70 dm + 17m – 50 dm

c) 170 cm + 0,3 dm + 85 dm – 30 cm – 0,7 dm

d) 880 mm + 240 mm – 12 cm – 5,70 dm – 0,2 m

e) 8 km 200 m – 3200 m – 9800 cm – 9800 dm + 0,078 km

f) (3 m + 0,045 m) · 2 – (0,275 m + 8,75 dm) · 4

g) 6 · (3360 mm – 3,6 dm) + 3 · (4,0 dm – 105 mm – 95 mm)

h) (0,03 km – 0,008 km) : 11 + (112 m + 880 dm) : 25

i) 12 800 m – 7 · (0,39 km + 10 m) + (7000 dm + 1,3 km) : 2

k) 377,8 mm · 12 + 0,005 m – 2 · 2,693 dm – 12 dm : 4

❷ Rechne mit Flächenmaßen!

a) 7 a + 98 a + 75 a – 17 a – 53 a – 60 a

b) 132 ha – 77 ha + 45 ha – 6300 a – 7 ha

c) $(0,8 \text{ km}^2 – 750 \text{ a} + 2,5 \text{ ha} + 1,25 \text{ km}^2) : 4$

d) $(1,5 \text{ ha} – 1000 \text{ m}^2) : 7 – 1,5 \text{ a} – 350 \text{ m}^2 – 0,05 \text{ ha}$

e) $12 \text{ a} + 5 \text{ ha} – 470 \text{ m}^2 + 212 \text{ a} – 10\ 271 \text{ m}^2 + 3,41 \text{ a}$

f) $(2,52 \text{ m}^2 + 107,48 \text{ m}^2) : 27,5 – (420 \text{ dm}^2 + 800 \text{ cm}^2) : 2,14$

g) $18 \text{ mm}^2 · 25 + 6 \text{ dm}^2 : 5000 + 9,5 · 4 \text{ mm}^2 – 0,5 \text{ m}^2$

h) $(125 \text{ cm}^2 + 12,75 \text{ dm}^2 + 0,06 \text{ m}^2 – 8,25 \text{ dm}^2) : 25$

i) $(720 \text{ dm}^2 – 1005 \text{ cm}^2 + 4 \text{ m}^2 – 90 \text{ dm}^2 + 955 \text{ cm}^2) · 2$

k) $4 · (25\ 475\ 000 \text{ mm}^2 – 862\ 500 \text{ cm}^2 + 6500 \text{ dm}^2 + 12 \text{ m}^2)$

❸ Arbeite mit Raummaßen!

a) $12 \text{ m}^3 + 7 \text{ m}^3 – 119 \text{ m}^3 + 512 \text{ m}^3 – 24 \text{ m}^3 – 38 \text{ m}^3$

b) $121,642 \text{ m}^3 + 12\ 500 \text{ dm}^3 – 92,042 \text{ m}^3 – 2100 \text{ dm}^3$

c) $(48 \text{ cm}^3\ 460 \text{ mm}^3 + 12,540 \text{ cm}^3 – 0,001 \text{ dm}^3) : 15$

d) $3 · 4\ 583\ 000 \text{ mm}^3 – 0,749 \text{ dm}^3 + 12\ 500 \text{ cm}^3 – 0,0055 \text{ m}^3$

e) $(50\ 000 \text{ cm}^3 + 3\ 000\ 500 \text{ mm}^3 – 3,0005 \text{ dm}^3) : 50 + 1 \text{ dm}^3$

f) 0,5 · (50 l + 53 l – 83 l + 70 l) : 30

g) 100 l + 2 hl – 50 l + 80 l – 3 hl + 0,15 hl

h) (500 ml + 3,5 l – 750 cl + 0,075 hl) : 2 + 3 l

i) 0,7 l – 4 · 2 cl – 6 · 0,02 l – 8 · 20 ml

k) $7 · (3 \text{ hl } 50 \text{ l} + 202 \text{ l}) – (813 \text{ dm}^3 – 2,630 \text{ hl}) – 314 \text{ dm}^3$

l) $(80 \text{ cm}^3 + 1,92 \text{ l}) · 4 + 2 · (4000 \text{ cm}^3 – 2,5 \text{ l} – 0,005 \text{ hl})$

m) $70\ 000 \text{ mm}^3 + 0,03 \text{ l} – 10 \text{ cl} + 6000 \text{ ml} – 300 \text{ cm}^3 + 2 \text{ dm}^3$

❹ Berechne die Masse!

a) 7 · (3000 g + 2500 g) – (8500 g : 500 + 8 · 1500) + 517 g

b) (9,2 kg + 20,8 kg – 5 · 5000 g – 8 · 125 g) : 200

c) 2 t + 50 kg – 75 000 g – 620 kg + 3,62 t + 25 000 g

d) (3,75 kg – 2250 g + 500 000 mg) : 500 + 96 g

MAT

Wir rechnen mit verschiedenen Größen

❶ Gehe mit Längenmaßen um!

a) 8,5 m + 3,2 m + 9,8 m + 17,5 m   **(39 m)**
b) 20 dm + 33 m − 70 dm + 17m − 50 dm   **(40 m)**
c) 170 cm + 0,3 dm + 85 dm − 30 cm − 0,7 dm   **(986 cm)**
d) 880 mm + 240 mm − 12 cm − 5,70 dm − 0,2 m   **(23 cm)**
e) 8 km 200 m − 3200 m − 9800 cm − 9800 dm + 0,078 km   **(4 km)**
f) (3 m + 0,045 m) · 2 − (0,275 m + 8,75 dm) · 4   **(1,49 m)**
g) 6 · (3360 mm − 3,6 dm) + 3 · (4,0 dm − 105 mm − 95 mm)   **(186 dm)**
h) (0,03 km − 0,008 km) : 11 + (112 m + 880 dm) : 25   **(10 m)**
i) 12 800 m − 7 · (0,39 km + 10 m) + (7000 dm + 1,3 km) : 2   **(11 km)**
k) 377,8 mm · 12 + 0,005 m − 2 · 2,693 dm − 12 dm : 4   **(3,7 m)**

❷ Rechne mit Flächenmaßen!

a) 7 a + 98 a + 75 a − 17 a − 53 a − 60 a   **(50 a)**
b) 132 ha − 77 ha + 45 ha − 6300 a − 7 ha   **(30 ha)**
c) $(0,8 \text{ km}^2 − 750 \text{ a} + 2,5 \text{ ha} + 1,25 \text{ km}^2) : 4$ **(50 ha)**
d) $(1,5 \text{ ha} − 1000 \text{ m}^2) : 7 − 1,5 \text{ a} − 350 \text{ m}^2 − 0,05 \text{ ha}$ **(10 a)**
e) $12 \text{ a} + 5 \text{ ha} − 470 \text{ m}^2 + 212 \text{ a} − 10\,271 \text{ m}^2 + 3,41 \text{ a}$ **(620 a)**
f) $(2,52 \text{ m}^2 + 107,48 \text{ m}^2) : 27,5 − (420 \text{ dm}^2 + 800 \text{ cm}^2) : 2,14$ **(2 m^2)**
g) $18 \text{ mm}^2 · 25 + 6 \text{ dm}^2 : 5000 + 9,5 · 4 \text{ mm}^2 − 0,5 \text{ cm}^2$ **(450 mm^2)**
h) $(125 \text{ cm}^2 + 12,75 \text{ dm}^2 + 0,06 \text{ m}^2 − 8,25 \text{ dm}^2) : 25$ **(47 cm^2)**
i) $(720 \text{ dm}^2 − 1005 \text{ cm}^2 + 4 \text{ m}^2 − 90 \text{ dm}^2 + 955 \text{ cm}^2) · 2$ **(2059 dm^2)**
k) $4 · (25\,475\,000 \text{ mm}^2 − 862\,500 \text{ cm}^2 + 6500 \text{ dm}^2 + 12 \text{ m}^2)$ **($64,9 \text{ m}^2$)**

❸ Arbeite mit Raummaßen!

a) $12 \text{ m}^3 + 7 \text{ m}^3 − 119 \text{ m}^3 + 512 \text{ m}^3 − 24 \text{ m}^3 − 38 \text{ m}^3$ **(350 m^3)**
b) $121,642 \text{ m}^3 + 12\,500 \text{ dm}^3 − 92,042 \text{ m}^3 − 2100 \text{ dm}^3$ **(40 m^3)**
c) $(48 \text{ cm}^3\,460 \text{ mm}^3 + 12,540 \text{ cm}^3 − 0,001 \text{ dm}^3) : 15$ **(4 cm^3)**
d) $3 · 4\,583\,000 \text{ mm}^3 − 0,749 \text{ dm}^3 + 12\,500 \text{ cm}^3 − 0,0055 \text{ m}^3$ **(20 dm^3)**
e) $(50\,000 \text{ cm}^3 + 3\,000\,500 \text{ mm}^3 − 3,0005 \text{ dm}^3) : 50 + 1 \text{ dm}^3$ **(2 dm^3)**
f) 0,5 · (50 l + 53 l − 83 l + 70 l) : 30   **(1,5 l)**
g) 100 l + 2 hl − 50 l + 80 l − 3 hl + 0,15 hl   **(45 l)**
h) (500 ml + 3,5 l − 750 cl + 0,075 hl) : 2 + 3 l   **(5 l)**
i) 0,7 l − 4 · 2 cl − 6 · 0,02 l − 8 · 20 ml   **(0,34 l)**
k) 7 · (3 hl 50 l + 202 l) − (813 dm³ − 2,630 hl) − 314 dm³   **(3000 l)**
l) $(80 \text{ cm}^3 + 1,92 \text{ l}) · 4 + 2 · (4000 \text{ cm}^3 − 2,5 \text{ l} − 0,005 \text{ hl})$ **(10 l)**
m) $70\,000 \text{ mm}^3 + 0,03 \text{ l} − 10 \text{ cl} + 6000 \text{ ml} − 300 \text{ cm}^3 + 2 \text{ dm}^3$ **($7,7 \text{ dm}^3$)**

❹ Berechne die Masse!

a) 7 · (3000 g + 2500 g) − (8500 g : 500 + 8 · 1500) + 517 g   **(27 000 g)**
b) (9,2 kg + 20,8 kg − 5 · 5000 g − 8 · 125 g) : 200   **(20 g)**
c) 2 t + 50 kg − 75 000 g − 620 kg + 3,62 t + 25 000 g   **(5000 kg)**
d) (3,75 kg − 2250 g + 500 000 mg) : 500 + 96 g   **(100 g)**

THEMA

Wir rechnen mit abgeleiteten Größen

LERNZIELE

- Erkenntnis gewinnen, dass sich abgeleitete Größen aus zwei Grundgrößen zusammensetzen
- Den abgeleiteten Größen die richtige Einheit zuordnen können
- Einen Einblick in die Formeln abgeleiteter Größen erhalten
- Textaufgaben mit abgeleiteten Größen lösen können

ARBEITSMITTEL/MEDIEN/LITERATURHINWEISE

- Arbeitsblatt (1)
- Lösungen zum Arbeitsblatt
- Folien, Bilder

TAFELBILD/FOLIEN

Wir rechnen mit abgeleiteten Größen

> **Abgeleitete Größen setzen sich aus zwei Grundgrößen zusammen.**

Lohn

Spezifisches Gewicht

110 km in der Stunde

Geschwindigkeit

Arbeit

Leistung

Stundenbild

I. Hinführung

Wiederholung Aussprache	TLP	Verschiedene Grundgrößen
LSG über Merkmale und Einheiten		Länge, z.B. m
		Fläche, z.B. m^2
		Volumen, z.B. m^3
		Gewicht, z.B. kg (kp)
		Temperatur, z.B. °
		Zeit, z.B. h

Zielangabe   TA

> **Wir rechnen mit abgeleiteten Größen**

II. Erarbeitung

Vermutungen   TA

Abgeleitete Größen setzen sich aus <u>zwei Grundgrößen</u> zusammen.

L zeigt an einem   TA
Beispiel

z.B. <u>Geschwindigkeit</u> aus <u>Weg und Zeit</u>

AA

Erstelle in der Gruppe eine Tabelle mit abgeleiteten Größen!
Versuche ihre Einheit herauszufinden!

HA a.g.
Zsf. Gr.berichte
Zsf.   TA

Einheit   Heft/Block

Größe	Einheit	Formel (Sachzusammenhang)
Lohn	€/h	$\text{Lohn} = \dfrac{\text{Geld}}{\text{Zeit}}$
Dichte (spez. Gewicht)	kg/dm^3	$\text{Dichte} = \dfrac{\text{Masse}}{\text{Volumen}}$; $\rho = \dfrac{m}{v}$
Arbeit	J	$\text{Arbeit} = \text{Kraft} \cdot \text{Weg}$; $W = F \cdot s$
Leistung	W	$\text{Leistung} = \dfrac{\text{Arbeit}}{\text{Zeit}}$; $P = \dfrac{w}{t}$
Geschwindigkeit	km/h	$\text{Geschw.} = \dfrac{\text{Weg}}{\text{Zeit}}$; $v = \dfrac{s}{t}$
Widerstand	$\Omega\ (\dfrac{V}{A})$	$\text{Widerstand} = \dfrac{\text{Spannung}}{\text{Stromstärke}}$; $R = \dfrac{U}{I}$
Druck	kp/cm^3	$\text{Druck} = \dfrac{\text{Druckkraft}}{\text{Fläche}}$; $p = \dfrac{F}{A}$
Preis	€/kg	$\text{Preis} = \dfrac{\text{Kosten}}{\text{Menge}}$

III. Vertiefung

AB   Aufgaben 1–7 (Lohn)

TLP Folie   ❶ Herr und Frau Müller sind beide berufstätig und arbeiten 40 Stunden pro Woche. Herr Müller verdient 8,47 €, Frau Müller 9,10 € in der Stunde. Berechne den monatlichen Bruttolohn der Familie (1 Monat = 4 Wochen)!

❷ Frau Meyer verständigt den Kundendienst für ihre Waschmaschine. Der Monteur berechnet 10,40 € Kilometerpauschale, $\frac{1}{2}$ Stunde Fahrzeit und $1\frac{3}{4}$ Stunden Arbeitszeit zu einem Stundenlohn von 39,-- €. Außerdem fallen 25,60 € Materialkosten an.

zu ❶ $8,47 \cdot 40 \cdot 4 + 9,10 \cdot 40 \cdot 4 =$

$1355,20 + 14,56 \qquad = \underline{2811,20\ [\text{€}]}$;

zu ❷ $10,40 \cdot \frac{1}{2} + 1\frac{3}{4} \cdot 39 + 25,60 =$

$10,4 \cdot 0,5 + 1,75 \cdot 39 + 25,6 =$

$5,2 + 68,25 + 25,6 \qquad = \underline{99,05\ [\text{€}]}$;

TLP Folie

❶ Wie viel wiegt eine 10 m^2 große und 2 cm dicke Schaufensterscheibe? Artgewicht Glas: 2,5!

❷ Ein Bergsteiger (Gewichtskraft 720 N) besteigt mit seiner Ausrüstung (80 N) die Zugspitze (2964 m) vom Eibsee aus (973 m) in 5,5 Stunden. Berechne die durchschnittliche mechanische Leistung beim Klettern!

zu ❶ $m = V \cdot \rho$

$= 100\ 000 \cdot 2 \cdot 2,5 = 500\ 000\ [\text{g}] = \underline{500\ [\text{kg}]}$;

zu ❷ $W = F \cdot s$

$= 800 \cdot 1991 = 1\ 592\ 800\ [\text{Nm}]$

$p = \dfrac{w}{t} = \dfrac{1\ 592\ 800}{19\ 800}\ [\dfrac{\text{Nm}}{\text{s}}] = \underline{80,\overline{4}\ [\text{w}]}$;

MAT

Wir rechnen mit abgeleiteten Größen: Lohn

Fülle die Tabelle aus!

Stundenlohn in €	6,50	120			39	60	
Zeit in h	4		172	4,5	$2\frac{1}{2}$	6	5
Gesamtverdienst in €		600	1230	247,50			34

Ergänze die Texte so, dass sie zu den Zahlenbeispielen in der Tabelle passen!

❶ Ein Monteur reparierte eine Waschmaschine in $2\frac{1}{2}$ Stunden. Die Arbeitsstunde wird zu _____ € berechnet. Die Rechnung lautete somit auf _____ €.

❷ Peter hilft seinem Nachbarn bei einer Arbeit und erhält dafür 6,50 € pro Stunde. Nach _____ Stunden werdem ihm _____ € bezahlt.

❸ Ein Referent wird vormittags von 9.00 Uhr bis 12.00 Uhr und nachmittags von 15.00 Uhr bis 18.00 Uhr beansprucht. Sein Stundenhonorar beträgt _____ €. Er erhält demnach für seine Vortragstätigkeit _____ € überwiesen.

❹ Eine Tanzkapelle spielt an einem Abend ab 20.00 Uhr zu einem Satz von 120,- € pro Stunde. Sie erhält schließlich _____ € ausbezahlt. Die Veranstaltung dauerte also bis um _____ Uhr.

❺ Eine Betonpumpe war 4,5 Stunden im Einsatz. Es wurden hierfür einschließlich Mehrwertsteuer insgesamt _____ € berechnet. Der Aufwand pro Stunde beträgt demnach _____ €.

❻ Eine Zugehfrau arbeitet für _____ € pro Stunde von 13.00 bis _____ Uhr und erhält dafür 34,-- € ausbezahlt.

❼ Die Abrechnung eines Bauhelfers zum Monatsende weist 172 Arbeitsstunden aus und lautet auf _____ €. Es wird demnach ein Stundenlohn von _____ € berechnet.

Zusatzaufgabe:

Um eine Fläche von 3 ha Weizen abzuernten, mussten um das Jahr 1850 42 Menschen 27 Stunden lang arbeiten, während heute beim Einsatz eines Mähdreschers 3 Arbeiter in 3 Stunden die gleiche Fläche abernten können.

a) Vergleiche die Lohnkosten nach heutigen Löhnen von 19,25 €/h.

b) Wie gestaltet sich der Vergleich, wenn für den Betrieb des Mähdreschers zusätzlich 150,-- €/h angesetzt werden?

MAT

Wir rechnen mit abgeleiteten Größen: Lohn

Fülle die Tabelle aus!

Stundenlohn in €	6,50	120	**7,15**	**55**	39	60	**6,8**
Zeit in h	4	**5**	172	4,5	$2\frac{1}{2}$	6	5
Gesamtverdienst in €	**26**	600	1230	247,50	**97,5**	**360**	34

Ergänze die Texte so, dass sie zu den Zahlenbeispielen in der Tabelle passen!

❶ Ein Monteur reparierte eine Waschmaschine in $2\frac{1}{2}$ Stunden. Die Arbeitsstunde wird zu ___**39,--**___ € berechnet. Die Rechnung lautete somit auf ___**97,50**___ €.

❷ Peter hilft seinem Nachbarn bei einer Arbeit und erhält dafür 6,50 € pro Stunde. Nach ___**4**___ Stunden werdem ihm ___**26,--**___ € bezahlt.

❸ Ein Referent wird vormittags von 9.00 Uhr bis 12.00 Uhr und nachmittags von 15.00 Uhr bis 18.00 Uhr beansprucht. Sein Stundenhonorar beträgt ___**60,--**___ €. Er erhält demnach für seine Vortragstätigkeit ___**360,--**___ € überwiesen.

❹ Eine Tanzkapelle spielt an einem Abend ab 20.00 Uhr zu einem Satz von 120,- € pro Stunde. Sie erhält schließlich ___**600,00**___ € ausbezahlt. Die Veranstaltung dauerte also bis um ___**1.00**___ Uhr.

❺ Eine Betonpumpe war 4,5 Stunden im Einsatz. Es wurden hierfür einschließlich Mehrwertsteuer insgesamt ___**247,50**___ € berechnet. Der Aufwand pro Stunde beträgt demnach ___**55,--**___ €.

❻ Eine Zugehfrau arbeitet für ___**6,80**___ € pro Stunde von 13.00 bis ___**18.00**___ Uhr und erhält dafür 34,-- € ausbezahlt.

❼ Die Abrechnung eines Bauhelfers zum Monatsende weist 172 Arbeitsstunden aus und lautet auf ___**1230,--**___ €. Es wird demnach ein Stundenlohn von ___**7,15**___ € berechnet.

Zusatzaufgabe:

Um eine Fläche von 3 ha Weizen abzuernten, mussten um das Jahr 1850 42 Menschen 27 Stunden lang arbeiten, während heute beim Einsatz eines Mähdreschers 3 Arbeiter in 3 Stunden die gleiche Fläche abernten können.

a) Vergleiche die Lohnkosten nach heutigen Löhnen von 19,25 €/h.

b) Wie gestaltet sich der Vergleich, wenn für den Betrieb des Mähdreschers zusätzlich 150,-- €/h angesetzt werden?

MAT

Wir rechnen mit Größen: Zusammenfassung

Größen und Maßeinheiten

Längen

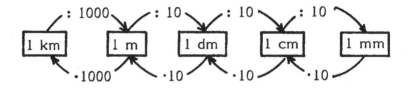

Flächeninhalte

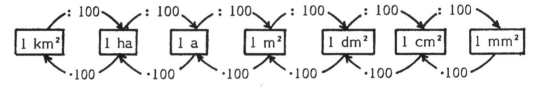

Rauminhalte

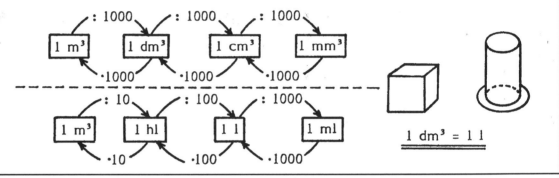

$$\underline{1\ dm^3 = 1\ l}$$

Massen (Gewichte)

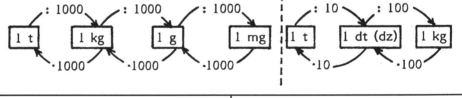

Zeitspannen

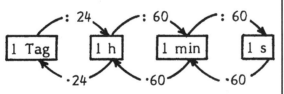

Geldwerte

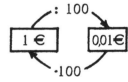

$$\text{Dichte} = \frac{\text{Masse}}{\text{Volumen}} \quad \frac{g}{cm^3}\ ;\ \frac{kg}{dm^3}\ ;\ \frac{1}{m^3} \qquad \text{Geschwindigkeit} = \frac{\text{Weg}}{\text{Zeit}} \quad \frac{km}{h}\ ;\ \frac{m}{s} \qquad \text{Stundenlohn} = \frac{\text{€}}{h}$$

Dichte verschiedener Stoffe $[\frac{g}{cm^3}]$, $[\frac{kg}{dm^3}]$ oder $[\frac{t}{m^3}]$

Aluminium	2,7	Gold	19,3	Kork	0,25	Äther	0,72
Beton	2,4	Holz		Kupfer	8,9	Alkohohl	0,79
Blei	11,3	Linde, Tanne	0,5	Marmor, Granit	2,8	Benzin	0,65
Eis	0,9	Kiefer	0,65	Messing	8,1	Heizöl	0,87
Eisen	7,8	Ulme	0,7	Platin	21,6	Meerwasser	1,02
Erde		Buche	0,8	Sand	1,7	Milch	1,03
frisch	2,0	Eiche, Esche	0,9	Silber	10,5	Quecksilber	13,60
trocken	1,3	Kies	2,0	Zink	7,1	Salzsäure	1,20
Glas	2,8	Koks	0,4	Zinn	7,3	Wasser	1,00

THEMA
Darstellung und Kennzeichen direkter Proportionalität

LERNZIELE

- Den Begriff Proportionalität erklären können
- Direkte Proportionalität darstellen und kennzeichnen können
- Aufgaben zur direkten Proportionalität lösen können

ARBEITSMITTEL/MEDIEN/LITERATURHINWEISE

- Arbeitsblätter (2) mit Lösungsblättern
- Arbeitsblatt mit 3 Aufgaben
- Arbeitsblatt mit 7 Aufgaben
- Folien

TAFELBILD/FOLIEN

Darstellung und Kennzeichen direkter Proportionalität

Zuordnung heißt mit einem Fremdwort: **Proportionalität**

Direkte Zuordnung = direkte Proportionalität

Eindeutige und nicht eindeutige Zuordnungen:

a) Eindeutige Zuordnung:
   1/3/4

b) Nicht eindeutige Zuordnung:
   2/5/6

Um welche Zuordnung handelt es sich?

❶ 1 Pfund Äpfel kostet 0,85 €.

❷ Im Test bringt jeder Punkt eine bessere Note.

❸ Zehn Liter Normalbenzin kosten 9,69 €.

❹ Eine Unterrichtsstunde dauert 45 Minuten.

❺ 91 bis 100 km kosten bei der DB 14 €.

❻ Am 25.8. haben Klaus, Irene und Paul Geburtstag.

Stundenbild

I. Hinführung

Aussprache	TLP Folie	Bild: Zuordnung meines Lehrers (Note 6)
Zielangabe	TA	**Darstellung, Kennzeichen und Lösung der direkten Proportionalität**

II. Erarbeitung/Wiederholung

	TA	Zuordnung heißt mit einem Fremdwort <u>Proportionalität</u>.

<u>Eindeutige Zuordnung = direkte Proportionalität</u>

L: Es gibt eindeutige bzw. nicht eindeutige Zuordnungen.

Beispiel: Noten bei einer Probearbeit

7 a:

Noten	1	2	3	4	5	6
Schüler	2	4	8	9	2	2

Jeder Schüler ist der Note nicht eindeutig zuordenbar.

Beispiele Aussprache	TLP Folie	Fragen 1–6

	AB 1	**<u>Darstellung von direkten Zuordnungen</u>:**

1. Tabelle
2. Doppelleiter
3. Pfeildiagramm
4. Graphische Darstellung

(Beispiel siehe Vergleich der Lösungsverfahren)	TA	**<u>Lösungsverfahren bei direkten Zuordnungen</u>:**

1. Dreisatz
2. Bruchoperator
3. Quotientengleichung
4. Graphik (nur annäherungsweise): ein Größenpaar reicht aus

<u>Kennzeichen direkter Proportionalität</u>:

1. Je <u>länger</u>, desto <u>mehr</u> etc.
2. Alle einzelnen Größenpaare sind <u>direkt proportional</u>
3. Lösung erfolgt über <u>Quotientengleichheit</u>
4. Der Graph verläuft immer <u>gerade</u> und <u>ansteigend</u> (vom Nullpunkt aus)

Eintrag	AB 1 / Rückseite	

III. Sicherung/Vertiefung

Zsf. LSG	TLP/AB 2	Aufgaben 1–3
Kontrolle	TLP	
(auch Hausaufgabe)	TLP/AB 3	Aufgaben 1–7
Kontrolle	TLP	
Hausaufgabe	AB 4	Zuordnungen
		Lösungswege bei der direkten Proportionalität
		Herr Doll will ...

MAT

Zuordnungen: Kennzeichen der direkten Proportionalität

Für ein schwieriges Diktat wird folgende Notentabelle erstellt:

Note 1 - Fehler 1 - 3
Note 2 - Fehler 4 - 6
Note 3 - Fehler 7 - 9
Note 4 - Fehler 10 - 12
Note 5 - Fehler 13 - 15
Note 6 - Fehler 16 ...

Für ein leichtes, geübtes Diktat gilt folgende Tabelle:

Note 1 - Fehler 1
Note 2 - Fehler 2
Note 3 - Fehler 3
Note 4 - Fehler 4
Note 5 - Fehler 5
Note 6 - Fehler 6

Wir stellen Größenbereiche übersichtlich dar!

❶ Tabelle:

Fehler					
Note					

Fehler					
Note					

❷ Doppelleiter:

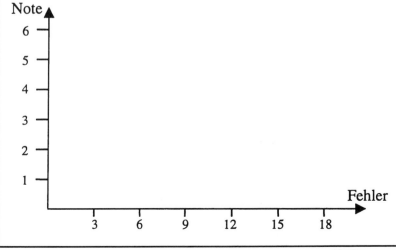

1 2 3　　4 5 6　　7 8 9　　10 11 12　　13 14 15　　16 17 18

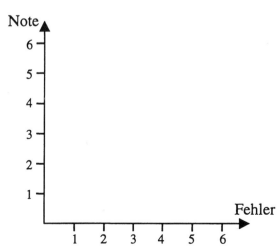

❸ Pfeildiagramm:

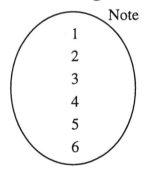
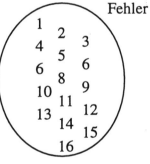
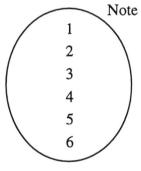
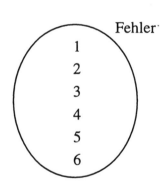

❹ Graphische Darstellung:

Note

6
5
4
3
2
1

3　6　9　12　15　18　Fehler

Note

6
5
4
3
2
1

1　2　3　4　5　6　Fehler

MAT

Zuordnungen: Kennzeichen der direkten Proportionalität

Für ein schwieriges Diktat wird
folgende Notentabelle erstellt:

Note 1 - Fehler 1 - 3
Note 2 - Fehler 4 - 6
Note 3 - Fehler 7 - 9
Note 4 - Fehler 10 - 12
Note 5 - Fehler 13 - 15
Note 6 - Fehler 16 ...

Für ein leichtes, geübtes Diktat
gilt folgende Tabelle:

Note 1 - Fehler 1
Note 2 - Fehler 2
Note 3 - Fehler 3
Note 4 - Fehler 4
Note 5 - Fehler 5
Note 6 - Fehler 6

Wir stellen Größenbereiche übersichtlich dar!

❶ Tabelle:

Fehler	1-3	4-6	7-9	10-12	13-15	16
Note	1	2	3	4	5	6

Fehler	1	2	3	4	5	6
Note	1	2	3	4	5	6

❷ Doppelleiter:

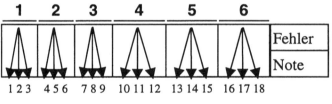

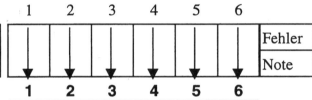

❸ Pfeildiagramm:

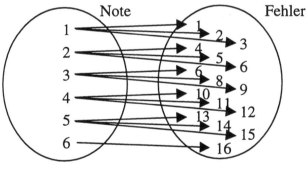

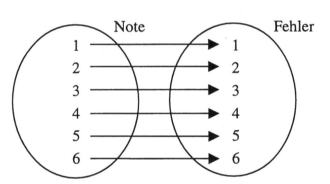

❹ Graphische Darstellung:

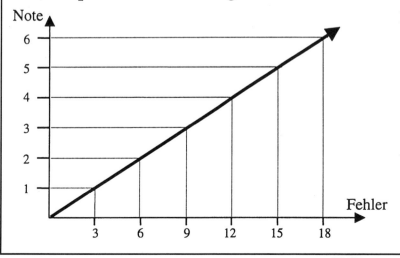

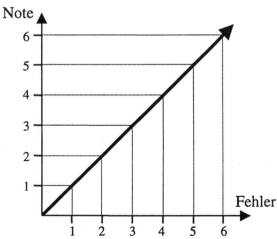

MAT

Direkte Proportionalität: Zuordnungen (Lösungsmethoden)

❶ Kopfrechnen
Sei schlau beim Berechnen! Erkläre deine Überlegungen!

Du erreichst die Lösung über

• Motorenöl	7	l	28	€
	8	l	_____	€
	15	l	_____	€
• Gold	5	cm^3	96	g
	60	cm^3	_____	g
• Bleistifte	22	Stck	11	€
	12	Stck	6	€
	10	Stck	_____	€
• Vorhänge	6	m	420	€
	2	m	_____	€

❷ Halbschriftliches Rechnen

Kasten	Flaschen
2	24
6	_____
3	_____

Kasten	Flaschen
12	144
8	_____
4	_____

❸ Lösung über die Quotientengleichheit (waagrechte Berechnung)

Stück	€	Quotient	Wert
7	26,25	_____	_____
8	_____	_____	_____
15	_____	_____	_____

Liter	€	Quotient	Wert
35	42	_____	_____
18	_____	_____	_____
97	_____	_____	_____

Stunden	km	Quotient	Wert
3,5	315	_____	_____
4,8	_____	_____	_____

Merke: Nur bei einer _____ Proportion können die einzelnen Größenpaare _____ sein.

MAT

Direkte Proportionalität: Zuordnungen (Lösungsmethoden)

❶ Kopfrechnen

Sei schlau beim Berechnen! Erkläre deine Überlegungen!

Du erreichst die Lösung über

• Motorenöl	7 l	28 €	
	8 l	**32** €	
	15 l	**60** €	**Addition**
• Gold	5 cm³	96 g	
	60 cm³	**1152** g	**Multiplikation**
• Bleistifte	22 Stck	11 €	
	12 Stck	6 €	
	10 Stck	**5** €	**Subtraktion**
• Vorhänge	6 m	420 €	
	2 m	**140** €	**Division**

❷ Halbschriftliches Rechnen

Kasten	Flaschen
2	24
6	**72**
3	**36**

Kasten	Flaschen
12	144
8	**96**
4	**48**

❸ Lösung über die Quotientengleichheit (waagrechte Berechnung)

Stück	€	Quotient	Wert
7	26,25	**26,25 : 7**	**3,75**
8	**30,00**	**30,00 : 8**	**3,75**
15	**56,25**	**56,25 : 15**	**3,75**

Liter	€	Quotient	Wert
35	42	**42 : 35**	**1,2**
18	**21,6**	**21,6 : 18**	**1,2**
97	**116,4**	**116,4 : 97**	**1,2**

Stunden	km	Quotient	Wert
3,5	315	**315 : 3,5**	**90**
4,8	**432**	**432 : 4,8**	**90**

Merke:

Nur bei einer **direkten** Proportion können die einzelnen Größenpaare **quotientengleich** sein.

MAT

Direkte Proportionalität: Zuordnungen (Übungsaufgaben)

❶ Der Elektroherd verbraucht in $1\frac{1}{2}$ Stunden 2250 Watt. Wie viel braucht er, wenn er nur 44 Minuten eingeschaltet ist?

Merke: Je _____, desto _____.

❷ Ein Kanister mit 5 Liter Motorenöl kostet 22,50 €. Bestimme den Preis für 14 l, 20 l, 32 l.

Merke: Alle einzelnen Größenpaare sind _____ _____.

❸ Ein Sessellift kann in einer Stunde 420 Personen befördern. Wie viele Personen fahren in 15, 30 und 45 Minuten mit?
Erstelle einen Graph!

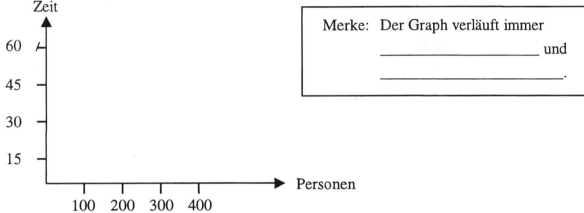

Merke: Der Graph verläuft immer _____ und _____ .

❹ Löse die Tabellen über die **Quotientengleichheit**!

Zeit [min]	Volumen [l]	Quotient	Wert
3	_____		
7	84		
8,5	_____		
20	_____		
34	_____		

Gewicht [kg]	Fläche [cm²]	Quotient	Wert
275	_____		
475	_____		
150	6		
1025	_____		
575	_____		

❺ Herr Anders will sein Garagentor (2,3 m x 2,2 m) streichen. Wie viel Liter Farbe braucht er dafür, wenn 1,50 l für 2 m² reichen?

❻ In einem Neubau sollen im Badezimmer $8\frac{1}{2}$ m² und in einem Duschraum $5\frac{3}{4}$ m² Fläche mit Kacheln gleicher Größe belegt werden. Für den Duschraum werden 368 Kacheln benötigt.

❼ Für die Benutzung einer 24 m² großen Werbefläche zahlt eine Firma 2040,-- €. An einer anderen Stelle ist die Werbefläche 32 m² groß.

Direkte Proportionalität: Zuordnungen (Übungsaufgaben) - Lösungen

zu ❶ 90 min - 2250 Watt
      1 min - 25 Watt
      44 min - 1100 Watt ;
      Merke: Je ___**länger**___ , desto ___**mehr**___ .

zu ❷ 5 l - 22,50 €
      1 l - 4,50 €   20 min - 210 P. ;
      14 l - 63,00 € ;   45 min - 315 P. :
      Merke: Alle einzelnen Größenpaare sind ___**direkt**___ ___**proportional**___ .

zu ❸ Zeit

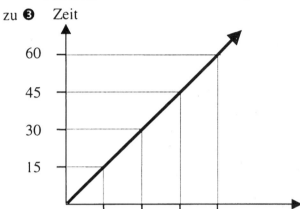

Merke: Der Graph verläuft immer
___**gerade**___ und
___**ansteigend**___ .

60 min - 420 P.
1 min - 7 P.
15 min - 105 P. ;
30 min - 210 P. ;
45 min - 315 P. ;

❹ Löse die Tabellen über die **Quotientengleichheit**!

Zeit [min]	Volumen [l]	Quotient	Wert
3	**36**		
7	84	**84 : 7**	**12**
8,5	**102**		
20	**240**		
34	**408**		

Gewicht [kg]	Fläche [cm²]	Quotient	Wert
275	**11**		
475	**19**		
150	6	**6 : 150**	**0,04**
1025	**41**		
575	**23**		

zu ❺ A = a · b = 2,3 · 2,2 = 50,06 [m²] ;
      5,06 : 2 = 2,53 [m] ;   oder: 2 m² - 1,50 [l]
      2,53 · 1,50 = 3,795 [l] ;   1 m² - 0,75 [l]
                                             5,06 m² - 3,795 [l] ;

zu ❻ 5,75 m² - 368 [Kacheln]
      1 m² - 64 [Kacheln]
      8,5 m² - 544 [Kacheln]

zu ❼ 24 m² - 2040 [€]
      1 m² - 85 [€]
      32 m² - 2720 [€] ;

STUNDENBILDER für das 5.-10. SCHULJAHR

KARL-HANS SEYLER

DEUTSCH
Literatur
7.-10. Jahrgangsstufe

• LEHRSKIZZEN • TAFELBILDER • FOLIENVORLAGEN
• ARBEITSBLÄTTER mit LÖSUNGEN

DEUTSCH | NAME: | KLASSE: | DATUM: | NR. 1

Die drei dunklen Könige (W. Borchert)

"dunkle" Könige: | Vergleich mit der Weihnachtsgeschichte der Bibel

Sie stehen stellvertretend für die ganze Kriegsgeneration, zu der auch der Verfasser, Wolfgang Borchert zählt.

DUNKELHEIT → | LICHT →

"dunkle Vorstadt" | "Handvoll warmes Licht"
"Der Mond fehlte." | "über das ...Kind"
"Sterne waren nicht da."

"Er hatte keinen, dem er dafür die Fäuste ins Gesicht schlagen konnte." | "Er hatte kein Gesicht für seine Fäuste."

Inhaltsübersicht:

Wir vergleichen zwei Geschichten zum Thema Advent/Weihnachten
a. Eine ganz belanglose Geschichte (Hugo Hartung)
b. Die Weihnachtsschlacht (Eveline Hasler)
Das Auto, nach dem man sich sehnt (G. Mikes)
Die Repräsentiertasse (Carlo Manzoni)
Shalom heißt Frieden (Susanne von Schroeter)
Sieben Buben - sieben Zitronen (W. Reichenbach)
Der Dreckspatz (E. Lange)
Onkel Podger macht alles (Jerome K. Jerome)
Mein Zeuge ist Don Gasparro (Sigismund von Radecki)
Die rote Katze (Luise Rinser)
Die drei dunklen Könige (Wolfgang Borchert)
Jenö war mein Freund (Wolfdietrich Schnurre)
Das Gottesurteil (Heinz Risse)
Das Trockendock (Stefan Andres)
Anekdote zur Senkung der Arbeitsmoral (Heinrich Böll)

Reisebericht: Rentiere (G. Kent)
Ballade: Hochzeitslied (J.W. von Goethe)
Ballade: Der Feuerreiter (E. Mörike)
Ballade: Belsazer (H. Heine)
Wir vergleichen zwei Frühlingsgedichte
a. Frühlingsmahnung (Jean Paul)
b. Über das Frühjahr (Bertolt Brecht)
c. Frühjahr (Helmut Zöpfl)
d. Fröhlicher Regen (Georg Britting)
e. April (Georg Heym)
Der Panther (R.M. Rilke)
Sogenannte Klassefrauen (E. Kästner)
Die Verstreuten (H. Piontek)
Wetterhahn (G. Eich)

Deutsch Literatur 7-10
Nr. 569 | *144 Seiten* | € 20,50

STUNDENBILDER für die SEKUNDARSTUFE

K.-H. Seyler

Literaturformen im Unterricht
Kurzgeschichte
Band I

• LEHRSKIZZEN • TAFELBILDER • FOLIENVORLAGEN
• ARBEITSBLÄTTER mit LÖSUNGEN

Inhaltsübersicht:

Vorwort
Inhaltsverzeichnis
Definition „Kurzgeschichte"
Lesebuchgeschichten (W. Borchert)
So ein Rummel (H. Böll)
Nachts schlafen die Ratten doch (W. Borchert)
Die Probe (H. Malecha)
Das Stenogramm (M. von der Grün)
Brudermord in Altwasser (G. Britting)
Ein Kind töten (S. Dagerman)
Ein Freund der Regierung (S. Lenz)
Der Weg hinaus (H. Eisenreich)
An diesem Dienstag (W. Borchert)
Der Lacher (H. Böll)
Der Mensch, den ich erlegt hatte (G. Gaiser)
Saisonbeginn (E. Langgässer)
Die Küchenuhr (W. Borchert)
Der Tunnel (F. Dürrenmatt)

Kurzgeschichte Band I
Nr. 570 | *120 Seiten* | € 18,50

STUNDENBILDER für die SEKUNDARSTUFE

K.-H. Seyler

Literaturformen im Unterricht
Kurzgeschichte
Band II

Wolfgang Borchert   Heinrich Böll
„....eine Atemlos
Ernst Hemingway   Erich Jungk   Josef Reding
heruntergeschriebene
Stefan Andres   Elisabeth Langgässer   Ilse Aichinger
keuchend kurze,
Günther Weisenborn   Hans Bender   Günter Eich
misstrauisch karge
Gabriele Wohmann   Marie Luise Kaschnitz
mitteilungsform."
Kurt Marti   W. Schnurre

• LEHRSKIZZEN • TAFELBILDER • FOLIENVORLAGEN
• ARBEITSBLÄTTER mit LÖSUNGEN

Inhaltsübersicht:

W. Schnurre: Der Brötchenclou
L. Graf: Nichts Besseres zu tun
E. Junge: Der Sieger
H. Geck: Die Dynamitpatrone
N. Schindler: Haltestelle
S. Andres: Die beinah verhinderte Weihnacht
H. Bender: Die Wölfe kommen zurück
G. Weisenborn: Zwei Männer
G. Eich: Züge im Nebel
H. Böll: Die Waage der Baleks
W. Schnurre: Die Tat
E. Langgässer: Untergetaucht
W. Borchert: Die Kegelbahn
W. Borchert: Da gibt es nur eins

Kurzgeschichte Band II
Nr. 826 | *124 Seiten* | € 18,50

Unterrichtspraxis

D. Witschas/G. Stuckert

Rechtschreiben 7/8
Nachschriften/Übungsformen

Übungs- und Diktattexte
zu den Themenbereichen:
Physik/Chemie/Biologie
Geschichte/Sozialkunde/Erdkunde
Arbeitslehre/Wirtschaft

● Arbeitsblätter mit Lösungen und Folien

I. Physik / Chemie / Biologie
· Nützliche Bakterien·Die Bedeutung des Waldes · Der Erfinder der Taschenuhr · Säuren und Laugen sind gefährlich · An welcher Krankheit sterben bei uns die meisten Menschen? · Metallabfälle sind wertvoll·Physikalische Arbeit · Drogen sind gefährlich · Die Entstehung von Erdöl und Erdgas
II. Geschichte / Sozialkunde / Erdkunde
· Der Nil, die Lebensader Ägyptens · Die Gedanken der Französischen Revolution · Das Schloss in Versailles · Napoleon - ein großer Staatsmann · Die Grundgedanken des Nationalsozialismus · Die Kampfverbände Hitlers · Kampf dem Analphabetentum
III. Arbeitslehre / Wirtschaft
· Was ist ein Markt? · Das moderne Büro·Landwirtschaft früher und heute · Die geschichtliche Entwicklung des Handwerks · Die Bereiche der Industrie · Die Produktionsfaktoren

Rechtschreiben 7/8
Nr. 906 | *96 Seiten* | € 16,90

Unterrichtspraxis

D. Witschas/K.-H. Seyler

Rechtschreiben 9/10
Nachschriften/Übungsformen

Probleme mit der Freizeit | Wie können wir Energie sparen
Merkmale von Entwicklungsländern | Die soziale Marktwirtschaft | Das Problem der Entsorgung
Verbraucherschutz | Die Gründung der UNO | Bargelloser Zahlungsverkehr
Warum steigt die Jugendkriminalität? | Die soziale Sicherung des Arbeitnehmers
Die Erfindung der Dampfmaschine | Wie wird unser Staat regiert?
Die Ursachen der Inflation von 1923 | Das Wesen der Werbung | Alkohol - Volksdroge Nummer Eins
Der Arbeiteraufstand vom 17. Juni 1953 | Richtige Ernährung

● ARBEITSBLÄTTER ● FOLIENVORLAGEN

· Probleme mit der Freizeit · Merkmale von Entwicklungsländern · Verbraucherschutz · Die Erfindung der Dampfmaschine · Verhaltensweisen des Wolfes · Das Wesen der Werbung · Die Ursachen der Inflation von 1923 · Bargelloser Zahlungsverkehr · Warum steigt die Jugendkriminalität? · Der Arbeiteraufstand vom 17. Juni 1953 · Unser Boden ist in Gefahr! · Wie können wir Energie sparen? · Die soziale Sicherung des Arbeitnehmers · Das Betriebspraktikum als Hilfe bei der Berufswahl · Die soziale Marktwirtschaft · Das Problem der Entsorgung · Die Geschichte des Bankwesens · Wie wird unser Staat regiert? · Richtiges Verhalten während der Schwangerschaft · Die Luftverschmutzung und ihre Folgen · Alkohol - Volksdroge Nummer Eins · Richtige Ernährung · Die Gründung der UNO

Rechtschreiben 9/10
Nr. 907 | *96 Seiten* | € 16,90

STUNDENBILDER für die SEKUNDARSTUFE

Susanne Merkle

DEUTSCH 7

Erlebniserzählung
Bildergeschichte
Bericht
Erzählung
Humoreske
Gedichte
Verfügung
Satz
Fremdwörter
Großschreibung von Zeitwörtern
Projektunterricht

• LEHRSKIZZEN • TAFELBILDER • FOLIENVORLAGEN
• ARBEITSBLÄTTER mit LÖSUNGEN

DEUTSCH | Literatur | NR.1

Onkel Jacks erstes Auto

Die ersten Autofahrer hatten mit vielen Schwierigkeiten zu kämpfen!
Suche aus diesen drei Beispiele aus dem Lesetext!
1. Es gab sehr wenig Benzin.
2. Niemand verstand etwas von Autos.
3. Es gab keine Ersatzteile.
Beschreibe kurz Onkel Jacks ersten Fahrversuch!
Als der Wagen endlich ruhig lief, fuhren wir stolz aus dem Schuppen hinaus.
Damals gab es noch keine Verkehrszeichen.
Onkel Jack musste sich nur an eine einzige Vorschrift des Landes halten:
Formuliere sie als Verkehrsregel im heutigen Sinn!

Ein Wagen, der nicht gezogen wird, darf nur fahren, wenn ein Mann mit roter Flagge und Glocke vorausgeht.

Suche nun im Lesebuch weitere Textstellen, wie die Bevölkerung auf das erste Automobil reagiert!
Die gesamte Polizeimannschaft erwartete uns, und die halbe Stadt war zusammengelaufen. Johlend lief uns die Schuljugend neben uns her.

Onkel Jacks erstes Auto nahm ein wenig rühmliches Ende! Warum?

Ein Pferd scheute vor dem Auto. Und als Onkel Jack das Tier beruhigte, fuhr Tante Kitty in den Graben.

Inhaltsübersicht:

I. Literatur
1. Die Reise nach Oletzko (Siegfried Lenz)
2. Onkel Jacks erstes Auto (Alexandra von Bosse)
3. Ich seh mich (Karin Bolte)
4. Der Tag mit der Pechsträhne (Richard Carstensen)
5. John Maynard (Theodor Fontane)
6. Worte zur Vorweihnachtszeit (Th. Storm/H. Anders)
II. Mündlicher und schriftlicher Sprachgebrauch
1. Ist Fernsehen wirklich schädlich?
2. Die Erlebniserzählung
3. Wir schreiben eine Erlebniserzählung (Bildergeschichte)
4. Aus einer Bildergeschichte wird ein sachbetonter Bericht
5. Wir schreiben einen Bericht (Kennzeichen)
6. Wir untersuchen Zeitungsberichte
7. Ich- und sachbetonter Bericht im Vergleich
8. Wir untersuchen Gebrauchsanweisungen
III. Rechtschreiben
1. Großschreibung von Zeitwörtern (Verben)
2. Bekannte Fremdwörter aus dem Englischen und Französischen
3. Doppelkonsonanten
4. Ähnlich klingende Laute

IV. Sprachlehre/Sprachkunde
1. Satzglieder bilden eine Sinneinheit
2. Satzergänzungen
3. Beifügungen bestimmen einzelne Satzteile genauer
4. Angaben (Adverbiale) bestimmen den Satzkern genauer
5. Sprichwörter und ihre Bedeutung im Sprachgebrauch
V. Projekt: Integrativer Deutschunterricht
1. Mündlicher Sprachgebrauch: Diskussion - Haustier pro/contra
2. Schriftlicher Sprachgebrauch: Dialoge schreiben/ Stellungnahme
3. Literatur: Sachtext/Lieben heißt loslassen können (Schnurre)
4. Sprachlehre/Sprachbetrachtung: Satzreihe und Satzverbindung
5. Rechtschreiben: Zeichensetzung - das Komma

Deutsch 7
Nr. 362 | *160 Seiten* | € 20,90

Stand der Preise 2005 - Bitte beachten Sie unsere aktuelle Preisliste!

pb verlag®

Deutsch

Stundenbilder

362	7. Schuljahr	160 S.	✍	20,90
363	8. Schuljahr,	160 S.	✍	19,90
401	9. Schuljahr,	148 S.	✍	19,90

Deutsch integrativ

942	7. Schuljahr	118 S	✍	18,50
943	8. Schuljahr	150 S.	✍	20,90
944	9. Schuljahr	1 60 S.	✍	21,50

Rechtschreiben

487	Rechtschreiben 7.-10.,	96 S.	✍	16,90
393	Rechtschreibstrategien 7.-9.		✍	i.V.
543	Mein Rechtschreib-Regelheft			
	Schülerheft, *48 S. DIN A 4*		✍	9,90
	Im Klassensatz nur			6,90

Nachschriften/Diktate   UP
mit abwechslungsreichen Übungen zu den einzelnen Nachschriften. Die Texte greifen Themen aus den Sachfächern auf.

906	7./8. Schuljahr, *96 S.*		✍	16,90
907	9./10. Schuljahr, *96 S.*		✍	16,90

Sprachlehre

434	Sprachlehre 7.-10.	136 S.	✍	19,90
483	Sprachlehre KP 7./8.	96 S.	✍	16,90
486	Sprachlehre KP 9./10.	128 S.	✍	18,90
988	Sprach-Spiel-Spaß 7.-9.	66 S.	✍	14,50

Aufsatzerziehung

523	Aufsatzkorrektur-leicht gemacht 5-10		✍	20,50
	Praktische Hilfen zur gerechten Bewertung			
864	7./8. Schuljahr		✍	21,50
	mit Stundenbildern, 160 S.			
865	9./10. Schuljahr		✍	21,50
	mit Stundenbildern, 160 S.			
911	Kreatives Schreiben 7.-10.		✍	16,90
	Techniken, Tipps, Schülerbeisp. 96 S.			
976	Aufsatz - mal anders 7.-10. *80 S.*		✍	15,90
482	Aufsatz 7./8. *80 Seiten*		✍	15,90

485	Aufsatz 9./10. *96 Seiten*		✍	16,90

Begleithefte zu
aktueller Jugendliteratur

914	Jugendbücher 9./10. *106 S.*		✍	15,90

Gedichte

427	7.-9. Schuljahr		17,90

122 Seiten, 17 Gedichte z.B. von Kästner, Rilke, Britting Tucholsky, Fontane, Bachmann, Eichendorff...

510	10. Schuljahr	✍	15,90

92 Seiten, 16 Gedichte z.B. von Goethe, Hölderlin, Benn, Brecht, Celan, Hesse, Heym, Huchel, Kästner, George...

Literatur/Lesen

570	Kurzgeschichte Band I		✍	18,50

Texte v. Borchert, Böll, Lenz, Gaiser, Dürrenmatt, Langgässer...
120 S., 15 StB, 20 AB, 13 FV

826	Kurzgeschichte Band II		✍	18,50

Texte v. Eich, Schnurre, Bender, Andres, Borchert, Böll..., 124 S.

571	Erzählung, *104 S.*		✍	17,50
572	Fabel/Parabel/Anekdote		✍	21,50

160 S., 22 StB, 23 AB, 23 FV

573	Märchen/Sage/Legende, *176 S.*	✍	21,90
574	Satire/Glosse.../Schwank		✍	16,90

96 S., 13 StB, 14 AB, 14 FV

577	Novelle	✍	20,90

152 S., 5 Novellen von G. Keller, J. Gotthelf, G. Hauptmann, A. v. Droste-Hülshoff, E.T.A. Hoffmann

578	Roman	✍	21,50

172 S., Abenteuer-Roman, Jugend-Roman, Zukunfts-Roman, Kriminal-Roman, Entwicklungs-Roman, Gesellschafts-Roman

579	Lyrik	✍	19,90

136 S., 18 Gedichte von Mörike, Hesse, Brecht, Fontane, Goethe, Schiller, Kaschnitz, Jandl...

580	Texte aus den Massenmedien	✍	20,50

144 S., Kommentar, Nachrichten, Reportage, Bericht, Werbung - aus Zeitungen, Magazinen, TV, Rundfunk

581	Triviale Texte *136 S.*		✍	19,90
526	Textknacker 7.-9.		✍	17,50
	Lesetexte besser verstehen, 102 S.			
538	Gründlicher lesen-besser verstehen			
	mehr behalten, 78 S.		✍	14,90
999	Liebe-und jeder meint was anderes			
	25 Geschichten zum Lesen und Diskutieren			
	54 S.		✍	12,50

Mathematik

Stundenbilder

340	7. Schuljahr, *160 S.*	€	✍	21,50

Dezimalbrüche, Prozentrechnung, Terme/ Gleichungen, Größen, Proportionalität

341	8. Schuljahr, *164 Seiten*	€	✍	21,50

Taschenrechner, Prozentrechnung, Zinsrechnung, Gleichungslehre...

342	9. Schuljahr, *158 Seiten*	€	✍	21,50

Geschwindigkeitsaufgaben, Verhältnisrechnung, Gleichungen,...

Geometrie

343	7. Schuljahr *134 S.*	€	✍	18,50

Dreiecke, Vierecke, Gerade Prismen,

344	8. Schuljahr, *144 Seiten*	€	✍	19,90

Vielecke, Kreis, gerade Körper

345	9. Schuljahr, *138 Seiten*	€	✍	19,90

Konstruktionen, Pythagoras, gerade und spitze Körper, zusammengesetzte Körper Übungen und Rechenspiele

Lernzielkontrollen
Proben in Mathematik und Geometrie

328	7./8. Schuljahr, *86 S.*	€	✍	15,90
986	9. Schuljahr, *77 S.*	€	✍	15,50

Mathe-Kartei 7.-10. Schuljahr
Übungsaufgaben mit Lösungen zur Lernzielkontrolle, Wiederholung, Partner- u. Freiarbeit

854	Zuordnungen/Einführung		💲	6,90
897	Zuordnungen/weiterf. Aufgaben		💲	6,90
855	Größen/Rationale Zahlen		💲	6,90
856	Prozentrechnen/weiterf. Aufgaben		💲	6,90
899	Bruchrechnen		💲	6,90
915	Regelmäßige Vierecke		💲	6,90

Konzentration/Denksport

Geistreiche und vergnügliche Denkspiele, nicht nur für den Mathematikunterricht

873	Gripsfit 7.-10. Schulj., *78 S.*		✍	15,90

Religion

Unterrichtspraxis Kath. Religion

918	Religion UP 7., *144 S.*		✍	20,50
623	Foliensatz zu Religion 7.	💲		9,90
919	Religion UP 8. *130 S.*		✍	19,50
618	Religion UP 9./10., *144 S.*		✍	20,50

Ethik

UP nach Themenkreisen

614	In sozialer Verantwortung leben			
	und lernen *110 S.*		✍	17,90
615	Weltreligionen unter religiösen und sozialethischen Gesichtspunkten *120 S.*		✍	18,50
616	Nach ethischen Maßstäben entscheiden			
	und handeln *88 S.*		✍	16,50
617	Ethische Grundfragen			
	in der Literatur *102 S.*		✍	17,50

Erdkunde

Stundenbilder

331	Asien und Afrika		✍	21,50
	160 S., 19 StB, 30 AB, 18 FV			
333	Amerika		✍	21,50
	Topographie,...160 S.			
330	Entwicklungsländer		✍	19,90
	138 S.			
332	Naturkatastrophen		✍	20,50
	144 S.			
870	Russland/GUS		✍	15,90
661	Folien zu Russland/GUS			21,50
	9 Farbfolien, 36 Schwarzweißfolien			

Geschichte

Stundenbilder

312	Neuzeit bis Ende 18. Jahrhundert			
	176 S.		✍	21,90
831	19. Jahrhundert u. Imperialismus			
	112 S.		✍	18,50
832	I. Weltkrieg u. Weimarer Republik			
	128 S.		✍	19,50
